T&P BOOKS

ARABE

VOCABULAIRE

POUR L'AUTOFORMATION

FRANÇAIS ARABE

Les mots les plus utiles
Pour enrichir votre vocabulaire et aiguiser
vos compétences linguistiques

5000 mots

Vocabulaire Français-Arabe Égyptien pour l'autoformation - 5000 mots
Dictionnaire thématique

Par Andrey Taranov

Les dictionnaires T&P Books ont pour but de vous aider à apprendre, à mémoriser et à réviser votre vocabulaire en langue étrangère. Ce dictionnaire thématique couvre tous les grands domaines du quotidien: l'économie, les sciences, la culture, etc ...

Acquérir du vocabulaire avec les dictionnaires thématiques T&P Books vous offre les avantages suivants:

- Les données d'origine sont regroupées de manière cohérente, ce qui vous permet une mémorisation lexicale optimale
- La présentation conjointe de mots ayant la même racine vous permet de mémoriser des groupes sémantiques entiers (plutôt que des mots isolés)
- Les sous-groupes sémantiques vous permettent d'associer les mots entre eux de manière logique, ce qui facilite votre consolidation du vocabulaire
- Votre maîtrise de la langue peut être évaluée en fonction du nombre de mots acquis

T&P Books Publishing
www.tpbooks.com

ISBN: 978-1-78716-795-7

Ce livre existe également en format électronique.
Pour plus d'informations, veuillez consulter notre site: www.tpbooks.com ou rendez-vous sur ceux des grandes librairies en ligne.

VOCABULAIRE ARABE ÉGYPTIEN POUR L'AUTOFORMATION
Dictionnaire thématique

Les dictionnaires T&P Books ont pour but de vous aider à apprendre, à mémoriser et à réviser votre vocabulaire en langue étrangère. Ce lexique présente, de façon thématique, plus de 5000 mots les plus fréquents de la langue.

- Ce livre comporte les mots les plus couramment utilisés
- Son usage est recommandé en complément de l'étude de toute autre méthode de langue
- Il répond à la fois aux besoins des débutants et à ceux des étudiants en langues étrangères de niveau avancé
- Il est idéal pour un usage quotidien, des séances de révision ponctuelles et des tests d'auto-évaluation
- Il vous permet de tester votre niveau de vocabulaire

Spécificités de ce dictionnaire thématique:

- Les mots sont présentés de manière sémantique, et non alphabétique
- Ils sont répartis en trois colonnes pour faciliter la révision et l'auto-évaluation
- Les groupes sémantiques sont divisés en sous-groupes pour favoriser l'apprentissage
- Ce lexique donne une transcription simple et pratique de chaque mot en langue étrangère

Ce dictionnaire comporte 155 thèmes, dont:

les notions fondamentales, les nombres, les couleurs, les mois et les saisons, les unités de mesure, les vêtements et les accessoires, les aliments et la nutrition, le restaurant, la famille et les liens de parenté, le caractère et la personnalité, les sentiments et les émotions, les maladies, la ville et la cité, le tourisme, le shopping, l'argent, la maison, le foyer, le bureau, la vie de bureau, l'import-export, le marketing, la recherche d'emploi, les sports, l'éducation, l'informatique, l'Internet, les outils, la nature, les différents pays du monde, les nationalités, et bien d'autres encore ...

TABLE DES MATIÈRES

Guide de prononciation 9
Abréviations 10

CONCEPTS DE BASE 11
Concepts de base. Partie 1 11

1. Les pronoms 11
2. Adresser des vœux. Se dire bonjour. Se dire au revoir 11
3. Comment s'adresser à quelqu'un 12
4. Les nombres cardinaux. Partie 1 12
5. Les nombres cardinaux. Partie 2 13
6. Les nombres ordinaux 14
7. Les nombres. Fractions 14
8. Les nombres. Opérations mathématiques 14
9. Les nombres. Divers 14
10. Les verbes les plus importants. Partie 1 15
11. Les verbes les plus importants. Partie 2 16
12. Les verbes les plus importants. Partie 3 17
13. Les verbes les plus importants. Partie 4 17
14. Les couleurs 18
15. Les questions 19
16. Les prépositions 20
17. Les mots-outils. Les adverbes. Partie 1 20
18. Les mots-outils. Les adverbes. Partie 2 22

Concepts de base. Partie 2 24

19. Les jours de la semaine 24
20. Les heures. Le jour et la nuit 24
21. Les mois. Les saisons 25
22. Les unités de mesure 27
23. Les récipients 27

L'HOMME 29
L'homme. Le corps humain 29

24. La tête 29
25. Le corps humain 30

Les vêtements & les accessoires 31

26. Les vêtements d'extérieur 31
27. Men's & women's clothing 31

28. Les sous-vêtements 32
29. Les chapeaux 32
30. Les chaussures 32
31. Les accessoires personnels 33
32. Les vêtements. Divers 33
33. L'hygiène corporelle. Les cosmétiques 34
34. Les montres. Les horloges 35

Les aliments. L'alimentation 36

35. Les aliments 36
36. Les boissons 37
37. Les légumes 38
38. Les fruits. Les noix 39
39. Le pain. Les confiseries 40
40. Les plats cuisinés 40
41. Les épices 41
42. Les repas 42
43. Le dressage de la table 42
44. Le restaurant 43

La famille. Les parents. Les amis 44

45. Les données personnelles. Les formulaires 44
46. La famille. Les liens de parenté 44

La médecine 46

47. Les maladies 46
48. Les symptômes. Le traitement. Partie 1 47
49. Les symptômes. Le traitement. Partie 2 48
50. Les symptômes. Le traitement. Partie 3 49
51. Les médecins 50
52. Les médicaments. Les accessoires 50

L'HABITAT HUMAIN 52
La ville 52

53. La ville. La vie urbaine 52
54. Les institutions urbaines 53
55. Les enseignes. Les panneaux 54
56. Les transports en commun 55
57. Le tourisme 56
58. Le shopping 57
59. L'argent 58
60. La poste. Les services postaux 59

Le logement. La maison. Le foyer 60

61. La maison. L'électricité 60

62. La villa et le manoir 60
63. L'appartement 60
64. Les meubles. L'intérieur 61
65. La literie 62
66. La cuisine 62
67. La salle de bains 63
68. Les appareils électroménagers 64

LES ACTIVITÉS HUMAINS 65
Le travail. Les affaires. Partie 1 65

69. Le bureau. La vie de bureau 65
70. Les processus d'affaires. Partie 1 66
71. Les processus d'affaires. Partie 2 67
72. L'usine. La production 68
73. Le contrat. L'accord 69
74. L'importation. L'exportation 70
75. La finance 70
76. La commercialisation. Le marketing 71
77. La publicité 71
78. Les opérations bancaires 72
79. Le téléphone. La conversation téléphonique 73
80. Le téléphone portable 73
81. La papeterie 74
82. Les types d'activités économiques 74

Le travail. Les affaires. Partie 2 77

83. Les foires et les salons 77
84. La recherche scientifique et les chercheurs 78

Les professions. Les métiers 79

85. La recherche d'emploi. Le licenciement 79
86. Les hommes d'affaires 79
87. Les métiers des services 80
88. Les professions militaires et leurs grades 81
89. Les fonctionnaires. Les prêtres 82
90. Les professions agricoles 82
91. Les professions artistiques 83
92. Les différents métiers 83
93. Les occupations. Le statut social 85

L'éducation 86

94. L'éducation 86
95. L'enseignement supérieur 87
96. Les disciplines scientifiques 88
97. Le système d'écriture et l'orthographe 88
98. Les langues étrangères 89

Les loisirs. Les voyages 91

99. Les voyages. Les excursions 91
100. L'hôtel 91

LE MATÉRIEL TECHNIQUE. LES TRANSPORTS 93
Le matériel technique 93

101. L'informatique 93
102. L'Internet. Le courrier électronique 94
103. L'électricité 95
104. Les outils 95

Les transports 98

105. L'avion 98
106. Le train 99
107. Le bateau 100
108. L'aéroport 101

Les grands événements de la vie 103

109. Les fêtes et les événements 103
110. L'enterrement. Le deuil 104
111. La guerre. Les soldats 104
112. La guerre. Partie 1 106
113. La guerre. Partie 2 107
114. Les armes 108
115. Les hommes préhistoriques 110
116. Le Moyen Âge 111
117. Les dirigeants. Les responsables. Les autorités 112
118. Les crimes. Les criminels. Partie 1 113
119. Les crimes. Les criminels. Partie 2 114
120. La police. La justice. Partie 1 115
121. La police. La justice. Partie 2 116

LA NATURE 118
La Terre. Partie 1 118

122. L'espace cosmique 118
123. La Terre 119
124. Les quatre parties du monde 120
125. Les océans et les mers 120
126. Les noms des mers et des océans 121
127. Les montagnes 122
128. Les noms des chaînes de montagne 123
129. Les fleuves 123
130. Les noms des fleuves 124
131. La forêt 124
132. Les ressources naturelles 125

La Terre. Partie 2 127

133. Le temps 127
134. Les intempéries. Les catastrophes naturelles 128

La faune 129

135. Les mammifères. Les prédateurs 129
136. Les animaux sauvages 129
137. Les animaux domestiques 130
138. Les oiseaux 131
139. Les poissons. Les animaux marins 133
140. Les amphibiens. Les reptiles 133
141. Les insectes 134

La flore 135

142. Les arbres 135
143. Les arbustes 135
144. Les fruits. Les baies 136
145. Les fleurs. Les plantes 137
146. Les céréales 138

LES PAYS DU MONDE. LES NATIONALITÉS 139

147. L'Europe de l'Ouest 139
148. L'Europe Centrale et l'Europe de l'Est 139
149. Les pays de l'ex-U.R.S.S. 140
150. L'Asie 140
151. L'Amérique du Nord 141
152. L'Amérique Centrale et l'Amérique du Sud 141
153. L'Afrique 142
154. L'Australie et Océanie 142
155. Les grandes villes 142

GUIDE DE PRONONCIATION

Alphabet phonétique T&P	Exemple en arabe égyptien	Exemple en français
[a]	[ṭaffa] طفّى	classe
[ā]	[eχtār] إختار	camarade
[e]	[setta] ستّة	équipe
[i]	[minā'] ميناء	stylo
[ī]	[ebrīl] إبريل	industrie
[o]	[oɣosṭos] أغسطس	normal
[ō]	[ḥalazōn] حلزون	tableau
[u]	[kalkutta] كلكتا	boulevard
[ū]	[gamūs] جاموس	sucre
[b]	[bedāya] بداية	bureau
[d]	[sa'āda] سعادة	document
[ḍ]	[waḍ'] وضع	[d] pharyngale
[ʒ]	[arʒantīn] الأرجنتين	jeunesse
[ẓ]	[ẓahar] ظهر	[z] pharyngale
[f]	[χafīf] خفيف	formule
[g]	[bahga] بهجة	gris
[h]	[ettegāh] إتّجاه	[h] aspiré
[ḥ]	[ḥabb] حبّ	[h] pharyngale
[y]	[dahaby] دهبي	maillot
[k]	[korsy] كرسي	bocal
[l]	[lammaḥ] لمّح	vélo
[m]	[marṣad] مرصد	minéral
[n]	[ganūb] جنوب	ananas
[p]	[kaputʃino] كابتشينو	panama
[q]	[wasaq] وثق	cadeau
[r]	[roḥe] روح	racine, rouge
[s]	[soχreya] سخرية	syndicat
[ṣ]	[me'ṣam] معصم	[s] pharyngale
[ʃ]	['aʃā'] عشاء	chariot
[t]	[tanūb] تنوب	tennis
[ṭ]	[χarīṭa] خريطة	[t] pharyngale
[θ]	[mamūθ] ماموث	consonne fricative dentale sourde
[v]	[vietnām] فيتنام	rivière
[w]	[wadda'] ودّع	iguane
[χ]	[baχīl] بخيل	scots - nicht, allemand - Dach
[ɣ]	[etɣadda] إتغدّى	g espagnol - amigo, magnífico
[z]	[me'za] معزة	gazeuse
['] (ayn)	[sab'a] سبعة	consonne fricative pharyngale voisée
['] (hamza)	[sa'al] سأل	coup de glotte

ABRÉVIATIONS
employées dans ce livre

Abréviations en arabe égyptien

du	-	nom (à double) pluriel
f	-	nom féminin
m	-	nom masculin
pl	-	pluriel

Abréviations en français

adj	-	adjective
adv	-	adverbe
anim.	-	animé
conj	-	conjonction
dénombr.	-	dénombrable
etc.	-	et cetera
f	-	nom féminin
f pl	-	féminin pluriel
fam.	-	familiar
fem.	-	féminin
form.	-	formal
inanim.	-	inanimé
indénombr.	-	indénombrable
m	-	nom masculin
m pl	-	masculin pluriel
m, f	-	masculin, féminin
masc.	-	masculin
math	-	mathematics
mil.	-	militaire
pl	-	pluriel
prep	-	préposition
pron	-	pronom
qch	-	quelque chose
qn	-	quelqu'un
sing.	-	singulier
v aux	-	verbe auxiliaire
v imp	-	verbe impersonnel
vi	-	verbe intransitif
vi, vt	-	verbe intransitif, transitif
vp	-	verbe pronominal
vt	-	verbe transitif

CONCEPTS DE BASE

Concepts de base. Partie 1

1. Les pronoms

je	ana	أنا
tu (masc.)	enta	أنت
tu (fem.)	enty	أنت
il	howwa	هوّ
elle	hiya	هيّ
nous	eḥna	إحنا
vous	antom	أنتم
ils, elles	hamm	همّ

2. Adresser des vœux. Se dire bonjour. Se dire au revoir

Bonjour! (form.)	assalamu ʿalaykum!	السلام عليكم!
Bonjour! (le matin)	ṣabāḥ el χeyr!	صباح الخير!
Bonjour! (après-midi)	neharak saʿīd!	نهارك سعيد!
Bonsoir!	masāʾ el χeyr!	مساء الخير!
dire bonjour	sallem	سلّم
Salut!	ahlan!	أهلاً!
salut (m)	salām (m)	سلام
saluer (vt)	sallem ʿala	سلّم على
Comment ça va?	ezzayek?	ازّيك؟
Quoi de neuf?	aχbārak eyh?	أخبارك ايه؟
Au revoir!	maʿ el salāma!	مع السلامة!
À bientôt!	aʃūfak orayeb!	أشوفك قريب!
Adieu!	maʿ el salāma!	مع السلامة!
dire au revoir	waddaʿ	ودّع
Salut! (À bientôt!)	bay bay!	باي باي!
Merci!	ʃokran!	شكراً!
Merci beaucoup!	ʃokran geddan!	شكراً جداً!
Je vous en prie	el ʿafw	العفو
Il n'y a pas de quoi	la ʃokr ʿala wāgeb	لا شكر على واجب
Pas de quoi	el ʿafw	العفو
Excuse-moi!	ʿan eznak!	عن إذنك!
Excusez-moi!	baʿd ezn ḥadretak!	بعد إذن حضرتك!
excuser (vt)	ʿazar	عذر
s'excuser (vp)	eʿtazar	أعتذر

Mes excuses	ana ʾāsef	أنا آسف
Pardonnez-moi!	ana ʾāsef!	أنا آسف!
pardonner (vt)	ʿafa	عفا
s'il vous plaît	men faḍlak	من فضلك
N'oubliez pas!	ma tensāʃ!	ما تنساش!
Bien sûr!	ṭabʿan!	طبعاً!
Bien sûr que non!	laʾ ṭabʿan!	لأ طبعاً!
D'accord!	ettafaʾna!	إتّفقنا!
Ça suffit!	kefāya!	كفاية!

3. Comment s'adresser à quelqu'un

monsieur	ya ostāz	يا أستاذ
madame	ya madām	يا مدام
madame (mademoiselle)	ya ʾānesa	يا آنسة
jeune homme	ya ostāz	يا أستاذ
petit garçon	yabny	يا ابني
petite fille	ya benty	يا بنتي

4. Les nombres cardinaux. Partie 1

zéro	ṣefr	صفر
un	wāḥed	واحد
une	waḥda	واحدة
deux	etneyn	إتنين
trois	talāta	ثلاثة
quatre	arbaʿa	أربعة
cinq	χamsa	خمسة
six	setta	ستّة
sept	sabʿa	سبعة
huit	tamanya	ثمانية
neuf	tesʿa	تسعة
dix	ʿaʃara	عشرة
onze	ḥedāʃar	حداشر
douze	etnāʃar	إتناشر
treize	talattāʃar	تلاتّاشر
quatorze	arbaʿtāʃer	أربعتاشر
quinze	χamastāʃer	خمستاشر
seize	settāʃar	ستّاشر
dix-sept	sabaʿtāʃar	سبعتاشر
dix-huit	tamantāʃar	تمنتاشر
dix-neuf	tesʿatāʃar	تسعتاشر
vingt	ʿeʃrīn	عشرين
vingt et un	wāḥed we ʿeʃrīn	واحد وعشرين
vingt-deux	etneyn we ʿeʃrīn	إتنين وعشرين
vingt-trois	talāta we ʿeʃrīn	ثلاثة وعشرين
trente	talatīn	ثلاثين

trente et un	wāḥed we talatīn	واحد وتلاتين
trente-deux	etneyn we talatīn	إتنين وتلاتين
trente-trois	talāta we talatīn	ثلاثة وثلاثين
quarante	arbeʿīn	أربعين
quarante et un	wāḥed we arbeʿīn	واحد وأربعين
quarante-deux	etneyn we arbeʿīn	إتنين وأربعين
quarante-trois	talāta we arbeʿīn	ثلاثة وأربعين
cinquante	χamsīn	خمسين
cinquante et un	wāḥed we χamsīn	واحد وخمسين
cinquante-deux	etneyn we χamsīn	إتنين وخمسين
cinquante-trois	talāta we χamsīn	ثلاثة وخمسين
soixante	settīn	ستّين
soixante et un	wāḥed we settīn	واحد وستّين
soixante-deux	etneyn we settīn	إتنين وستّين
soixante-trois	talāta we settīn	ثلاثة وستّين
soixante-dix	sabʿīn	سبعين
soixante et onze	wāḥed we sabʿīn	واحد وسبعين
soixante-douze	etneyn we sabʿīn	إتنين وسبعين
soixante-treize	talāta we sabʿīn	ثلاثة وسبعين
quatre-vingts	tamanīn	ثمانين
quatre-vingt et un	wāḥed we tamanīn	واحد وتمانين
quatre-vingt deux	etneyn we tamanīn	إتنين وتمانين
quatre-vingt trois	talāta we tamanīn	ثلاثة وثمانين
quatre-vingt-dix	tesʿīn	تسعين
quatre-vingt et onze	wāḥed we tesʿīn	واحد وتسعين
quatre-vingt-douze	etneyn we tesʿīn	إتنين وتسعين
quatre-vingt-treize	talāta we tesʿīn	ثلاثة وتسعين

5. Les nombres cardinaux. Partie 2

cent	miya	ميّة
deux cents	meteyn	ميتين
trois cents	toltomiya	تلتميّة
quatre cents	robʿomiya	ربعميّة
cinq cents	χomsomiya	خمسميّة
six cents	sotomiya	ستميّة
sept cents	sobʿomiya	سبعميّة
huit cents	tomnomeʾa	ثمنمئة
neuf cents	tosʿomiya	تسعميّة
mille	alf	ألف
deux mille	alfeyn	ألفين
trois mille	talat ʾālāf	ثلاث آلاف
dix mille	ʿaʃaret ʾālāf	عشرة آلاف
cent mille	mīt alf	ميت ألف
million (m)	millyon (m)	مليون
milliard (m)	millyār (m)	مليار

6. Les nombres ordinaux

premier (adj)	awwel	أوّل
deuxième (adj)	tāny	ثاني
troisième (adj)	tālet	ثالث
quatrième (adj)	rābeʿ	رابع
cinquième (adj)	χāmes	خامس
sixième (adj)	sādes	سادس
septième (adj)	sābeʿ	سابع
huitième (adj)	tāmen	ثامن
neuvième (adj)	tāseʿ	تاسع
dixième (adj)	ʿāʃer	عاشر

7. Les nombres. Fractions

fraction (f)	kasr (m)	كسر
un demi	noṣṣ	نصّ
un tiers	telt	ثلث
un quart	robʿ	ربع
un huitième	tomn	تمن
un dixième	ʿoʃr	عشر
deux tiers	teleyn	تلتين
trois quarts	talātet arbāʿ	ثلاثة أرباع

8. Les nombres. Opérations mathématiques

soustraction (f)	ṭarḥ (m)	طرح
soustraire (vt)	ṭaraḥ	طرح
division (f)	ʾesma (f)	قسمة
diviser (vt)	ʾasam	قسم
addition (f)	gamʿ (m)	جمع
additionner (vt)	gamaʿ	جمع
ajouter (vt)	gamaʿ	جمع
multiplication (f)	ḍarb (m)	ضرب
multiplier (vt)	ḍarab	ضرب

9. Les nombres. Divers

chiffre (m)	raqam (m)	رقم
nombre (m)	ʿadad (m)	عدد
adjectif (m) numéral	ʿadady (m)	عددي
moins (m)	nāʾeṣ (m)	ناقص
plus (m)	zāʾed (m)	زائد
formule (f)	moʿadla (f)	معادلة
calcul (m)	ḥesāb (m)	حساب
compter (vt)	ʿadd	عدّ

calculer (vt)	ḥasab	حسب
comparer (vt)	qāran	قارن
Combien?	kām?	كام؟
somme (f)	magmūʿ (m)	مجموع
résultat (m)	natīga (f)	نتيجة
reste (m)	bā'y (m)	باقي
quelques ...	kām	كام
peu de ...	ʃewaya	شوية
reste (m)	el bā'y (m)	الباقي
un et demi	wāḥed w noṣṣ (m)	واحد ونصّ
douzaine (f)	desta (f)	دستة
en deux (adv)	le noṣṣeyn	لنصّين
en parties égales	bel tasāwy	بالتساوى
moitié (f)	noṣṣ (m)	نصّ
fois (f)	marra (f)	مرّة

10. Les verbes les plus importants. Partie 1

aider (vt)	sāʿed	ساعد
aimer (qn)	ḥabb	حبّ
aller (à pied)	meʃy	مشى
apercevoir (vt)	lāḥaẓ	لاحظ
appartenir à ...	χaṣṣ	خصّ
appeler (au secours)	estaɣās	إستغاث
attendre (vt)	estanna	إستنّى
attraper (vt)	mesek	مسك
avertir (vt)	ḥazzar	حذّر
avoir (vt)	malak	ملك
avoir confiance	wasaq	وثق
avoir faim	ʿāyez 'ākol	عايز آكل
avoir peur	χāf	خاف
avoir soif	ʿāyez aʃrab	عايز أشرب
cacher (vt)	χabba	خبّأ
casser (briser)	kasar	كسر
cesser (vt)	baṭṭal	بطّل
changer (vt)	ɣayar	غيّر
chasser (animaux)	eṣṭād	اصطاد
chercher (vt)	dawwar ʿala	دوّر على
choisir (vt)	eχtār	إختار
commander (~ le menu)	ṭalab	طلب
commencer (vt)	bada'	بدأ
comparer (vt)	qāran	قارن
comprendre (vt)	fehem	فهم
compter (dénombrer)	ʿadd	عدّ
compter sur ...	eʿtamad ʿala ...	إعتمد على...
confondre (vt)	etlaχbaṭ	إتلخبط

connaître (qn)	ʿeref	عرف
conseiller (vt)	naṣaḥ	نصح
continuer (vt)	wāṣel	واصل
contrôler (vt)	et-ḥakkem	إتحكّم
courir (vi)	gery	جري
coûter (vt)	kallef	كلّف
créer (vt)	ʿamal	عمل
creuser (vt)	ḥafar	حفر
crier (vi)	ṣarraχ	صرّخ

11. Les verbes les plus importants. Partie 2

décorer (~ la maison)	zayen	زيّن
défendre (vt)	dāfaʿ	دافع
déjeuner (vi)	etɣadda	إتغدّى
demander (~ l'heure)	saʾal	سأل
demander (de faire qch)	ṭalab	طلب
descendre (vi)	nezel	نزل
deviner (vt)	χammen	خمّن
dîner (vi)	etʿasʃa	إتعشّى
dire (vt)	ʾāl	قال
diriger (~ une usine)	adār	أدار
discuter (vt)	nāʾeʃ	ناقش
donner (vt)	edda	إدّى
donner un indice	edda lamḥa	إدّى لمحة
douter (vt)	ʃakk fe	شكّ في
écrire (vt)	katab	كتب
entendre (bruit, etc.)	semeʿ	سمع
entrer (vi)	daχal	دخل
envoyer (vt)	arsal	أرسل
espérer (vi)	tamanna	تمنّى
essayer (vt)	ḥāwel	حاول
être (vi)	kān	كان
être d'accord	ettafaʾ	إتّفق
être nécessaire	maṭlūb	مطلوب
être pressé	estaʿgel	إستعجل
étudier (vt)	daras	درس
exiger (vt)	ṭāleb	طالب
exister (vi)	kān mawgūd	كان موّجود
expliquer (vt)	ʃaraḥ	شرح
faire (vt)	ʿamal	عمل
faire tomber	waʾʾaʿ	وقّع
finir (vt)	χallaṣ	خلّص
garder (conserver)	ḥafaẓ	حفظ
gronder, réprimander (vt)	wabbeχ	وبّخ
informer (vt)	ʾāl ly	قال لي
insister (vi)	aṣarr	أصرّ

insulter (vt)	ahān	أهان
inviter (vt)	ʻazam	عزم
jouer (s'amuser)	leʻeb	لعب

12. Les verbes les plus importants. Partie 3

libérer (ville, etc.)	ḥarrar	حرّر
lire (vi, vt)	ʼara	قرأ
louer (prendre en location)	estʼgar	إستأجر
manquer (l'école)	ɣāb	غاب
menacer (vt)	hadded	هدّد
mentionner (vt)	zakar	ذكر
montrer (vt)	warra	ورّى
nager (vi)	ʻām	عام
objecter (vt)	eʻtaraḍ	إعترض
observer (vt)	rāqab	راقب
ordonner (mil.)	amar	أمر
oublier (vt)	nesy	نسي
ouvrir (vt)	fataḥ	فتح
pardonner (vt)	ʻafa	عفا
parler (vi, vt)	kallem	كلّم
participer à ...	ʃārek	شارك
payer (régler)	dafaʻ	دفع
penser (vi, vt)	fakkar	فكّر
permettre (vt)	samaḥ	سمح
plaire (être apprécié)	ʻagab	عجب
plaisanter (vi)	hazzar	هزّر
planifier (vt)	χaṭṭeṭ	خطّط
pleurer (vi)	baka	بكى
posséder (vt)	malak	ملك
pouvoir (v aux)	ʼeder	قدر
préférer (vt)	faḍḍal	فضّل
prendre (vt)	aχad	أخد
prendre en note	katab	كتب
prendre le petit déjeuner	feṭer	فطر
préparer (le dîner)	ḥaḍḍar	حضّر
prévoir (vt)	tanabbaʼ	تنبّأ
prier (~ Dieu)	ṣalla	صلّى
promettre (vt)	waʻad	وعد
prononcer (vt)	naṭaʼ	نطق
proposer (vt)	ʻaraḍ	عرض
punir (vt)	ʻāqab	عاقب

13. Les verbes les plus importants. Partie 4

recommander (vt)	naṣaḥ	نصح
regretter (vt)	nedem	ندم

répéter (dire encore)	karrar	كرّر
répondre (vi, vt)	gāwab	جاوب
réserver (une chambre)	ḥagaz	حجز
rester silencieux	seket	سكت
réunir (regrouper)	waḥḥed	وحّد
rire (vi)	ḍeḥek	ضحك
s'arrêter (vp)	wa''af	وقّف
s'asseoir (vp)	'a'ad	قعد
sauver (la vie à qn)	anqaz	أنقذ
savoir (qch)	'eref	عرف
se baigner (vp)	sebeḥ	سبح
se plaindre (vp)	ʃaka	شكا
se refuser (vp)	rafaḍ	رفض
se tromper (vp)	ɣeleṭ	غلط
se vanter (vp)	tabāha	تباهى
s'étonner (vp)	etfāge'	إتفاجئ
s'excuser (vp)	e'tazar	إعتذر
signer (vt)	waqqa'	وقّع
signifier (vt)	'aṣad	قصد
s'intéresser (vp)	ehtamm be	إهتمّ بـ
sortir (aller dehors)	χarag	خرج
sourire (vi)	ebtasam	إبتسم
sous-estimer (vt)	estaχaff	إستخفّ
suivre ... (suivez-moi)	tatabba'	تتبّع
tirer (vi)	ḍarab bel nār	ضرب بالنار
tomber (vi)	we'e'	وقع
toucher (avec les mains)	lamas	لمس
tourner (~ à gauche)	ḥād	حاد
traduire (vt)	targem	ترجم
travailler (vi)	eʃtaɣal	إشتغل
tromper (vt)	χada'	خدع
trouver (vt)	la'a	لقى
tuer (vt)	'atal	قتل
vendre (vt)	bā'	باع
venir (vi)	weṣel	وصل
voir (vt)	ʃāf	شاف
voler (avion, oiseau)	ṭār	طار
voler (qch à qn)	sara'	سرق
vouloir (vt)	'āyez	عايز

14. Les couleurs

couleur (f)	lone (m)	لون
teinte (f)	daraget el lōn (m)	درجة اللون
ton (m)	ṣabɣet lōn (f)	صبغة اللون
arc-en-ciel (m)	qose qozaḥ (m)	قوس قزح
blanc (adj)	abyaḍ	أبيض

noir (adj)	aswad	أسود
gris (adj)	romādy	رمادي
vert (adj)	aχḍar	أخضر
jaune (adj)	aṣfar	أصفر
rouge (adj)	aḥmar	أحمر
bleu (adj)	azraʾ	أزرق
bleu clair (adj)	azraʾ fāteḥ	أزرق فاتح
rose (adj)	wardy	وردي
orange (adj)	bortoqāly	برتقاليّ
violet (adj)	banaffsegy	بنفّسجي
brun (adj)	bonny	بنّي
d'or (adj)	dahaby	ذهبي
argenté (adj)	feḍḍy	فضّي
beige (adj)	bɛ:ʒ	بيج
crème (adj)	ʿāgy	عاجيّ
turquoise (adj)	fayrūzy	فيروزي
rouge cerise (adj)	aḥmar karazy	أحمر كرزي
lilas (adj)	laylaky	ليّلكي
framboise (adj)	qormozy	قرمزي
clair (adj)	fāteḥ	فاتح
foncé (adj)	ɣāmeʾ	غامق
vif (adj)	zāhy	زاهي
de couleur (adj)	melawwen	ملوّن
en couleurs (adj)	melawwen	ملوّن
noir et blanc (adj)	abyaḍ we aswad	أبيض وأسوّد
unicolore (adj)	sāda	سادة
multicolore (adj)	motaʿadded el alwān	متعددّ الألوان

15. Les questions

Qui?	mīn?	مين؟
Quoi?	eyh?	ايه؟
Où? (~ es-tu?)	feyn?	فين؟
Où? (~ vas-tu?)	feyn?	فين؟
D'où?	meneyn?	منين؟
Quand?	emta	امتى؟
Pourquoi? (~ es-tu venu?)	ʿaʃān eyh?	عشان ايه؟
Pourquoi? (~ t'es pâle?)	leyh?	ليه؟
À quoi bon?	l eyh?	لـ ليه؟
Comment?	ezāy?	إزاي؟
Quel? (à ~ prix?)	eyh?	ايه؟
Lequel?	ayī?	أيّ؟
À qui? (pour qui?)	le mīn?	لمين؟
De qui?	ʿan mīn?	عن مين؟
De quoi?	ʿan eyh?	عن ايه؟
Avec qui?	maʿ mīn?	مع مين؟

Combien?	kām?	كام؟
À qui? (~ est ce livre?)	betā'et mīn?	بتاعت مين؟

16. Les prépositions

avec (~ toi)	ma'	مع
sans (~ sucre)	men ɣeyr	من غير
à (aller ~ ...)	ela	إلى
de (au sujet de)	'an	عن
avant (~ midi)	'abl	قبل
devant (~ la maison)	'oddām	قدّام
sous (~ la commode)	taḥt	تحت
au-dessus de ...	fo'e	فوق
sur (dessus)	'ala	على
de (venir ~ Paris)	men	من
en (en bois, etc.)	men	من
dans (~ deux heures)	ba'd	بعد
par dessus	men 'ala	من على

17. Les mots-outils. Les adverbes. Partie 1

Où? (~ es-tu?)	feyn?	فين؟
ici (c'est ~)	hena	هنا
là-bas (c'est ~)	henāk	هناك
quelque part (être)	fe makānen ma	في مكان ما
nulle part (adv)	meʃ fi ayī makān	مش في أيّ مكان
près de ...	ganb	جنب
près de la fenêtre	ganb el ʃebbāk	جنب الشبّاك
Où? (~ vas-tu?)	feyn?	فين؟
ici (Venez ~)	hena	هنا
là-bas (j'irai ~)	henāk	هناك
d'ici (adv)	men hena	من هنا
de là-bas (adv)	men henāk	من هناك
près (pas loin)	'arīb	قريب
loin (adv)	be'īd	بعيد
près de (~ Paris)	'and	عند
tout près (adv)	'arīb	قريب
pas loin (adv)	meʃ be'īd	مش بعيد
gauche (adj)	el ʃemāl	الشمال
à gauche (être ~)	'alal ʃemāl	على الشمال
à gauche (tournez ~)	lel ʃemāl	للشمال
droit (adj)	el yemīn	اليمين
à droite (être ~)	'alal yemīn	على اليمين

à droite (tournez ~)	lel yemīn	لليمين
devant (adv)	'oddām	قدّام
de devant (adj)	amāmy	أمامي
en avant (adv)	ela el amām	إلى الأمام
derrière (adv)	wara'	وراء
par derrière (adv)	men wara	من ورّا
en arrière (regarder ~)	le wara	لورّا
milieu (m)	wasaṭ (m)	وسط
au milieu (adv)	fel wasat	في الوسط
de côté (vue ~)	'ala ganb	على جنب
partout (adv)	fe kol makān	في كل مكان
autour (adv)	ḥawaleyn	حوالين
de l'intérieur	men gowwah	من جوّه
quelque part (aller)	le 'ayī makān	لأي مكان
tout droit (adv)	'ala ṭūl	على طول
en arrière (revenir ~)	rogū'	رجوع
de quelque part (n'import d'où)	men ayī makān	من أيّ مكان
de quelque part (on ne sait pas d'où)	men makānen mā	من مكان ما
premièrement (adv)	awwalan	أوّلاً
deuxièmement (adv)	sāneyan	ثانياً
troisièmement (adv)	sālesan	ثالثاً
soudain (adv)	fag'a	فجأة
au début (adv)	fel bedāya	في البداية
pour la première fois	le 'awwel marra	لأوّل مرّة
bien avant ...	'abl ... be modda ṭawīla	قبل... بمدة طويلة
de nouveau (adv)	men gedīd	من جديد
pour toujours (adv)	lel abad	للأبد
jamais (adv)	abadan	أبداً
de nouveau, encore (adv)	tāny	تاني
maintenant (adv)	delwa'ty	دلوقتي
souvent (adv)	ketīr	كثير
alors (adv)	wa'taha	وقتها
d'urgence (adv)	'ala ṭūl	على طول
d'habitude (adv)	'ādatan	عادةً
à propos, ...	'ala fekra ...	على فكرة...
c'est possible	momken	ممكن
probablement (adv)	momken	ممكن
peut-être (adv)	momken	ممكن
en plus, ...	bel eḍāfa ela ...	بالإضافة إلى...
c'est pourquoi ...	'aʃān keda	عشان كده
malgré ...	bel raɣm men ...	بالرغم من...
grâce à ...	be faḍl ...	بفضل...
quoi (pron)	elly	إللي
que (conj)	ennu	إنّه

quelque chose (Il m'est arrivé ~)	ḥāga (f)	حاجة
quelque chose (peut-on faire ~)	ayī ḥāga (f)	أيّ حاجة
rien (m)	wala ḥāga	ولا حاجة
qui (pron)	elly	إللي
quelqu'un (on ne sait pas qui)	ḥadd	حدّ
quelqu'un (n'importe qui)	ḥadd	حدّ
personne (pron)	wala ḥadd	ولا حدّ
nulle part (aller ~)	meʃ le wala makān	مش لـ ولا مكان
de personne	wala ḥadd	ولا حدّ
de n'importe qui	le ḥadd	لحدّ
comme ça (adv)	geddan	جداً
également (adv)	kamān	كمان
aussi (adv)	kamān	كمان

18. Les mots-outils. Les adverbes. Partie 2

Pourquoi?	leyh?	ليه؟
pour une certaine raison	le sabeben ma	لسبب ما
parce que ...	ʿaʃān ...	... عشان
pour une raison quelconque	le hadafen mā	لهدف ما
et (conj)	w	و
ou (conj)	walla	ولّا
mais (conj)	bass	بسّ
pour ... (prep)	ʿaʃān	عشان
trop (adv)	ketīr geddan	كتير جدّاً
seulement (adv)	bass	بسّ
précisément (adv)	bel ḍabṭ	بالضبط
près de ... (prep)	naḥw	نحو
approximativement	naḥw	نحو
approximatif (adj)	taqrīby	تقريبي
presque (adv)	ta'rīban	تقريباً
reste (m)	el bā'y (m)	الباقي
chaque (adj)	koll	كلّ
n'importe quel (adj)	ayī	أيّ
beaucoup (adv)	ketīr	كتير
plusieurs (pron)	nās ketīr	ناس كتير
tous	koll el nās	كلّ الناس
en échange de ...	fi moqābel ...	... في مقابل
en échange (adv)	fe moqābel	في مقابل
à la main (adv)	bel yad	باليد
peu probable (adj)	bel kād	بالكاد
probablement (adv)	momken	ممكن
exprès (adv)	bel 'aṣd	بالقصد

par accident (adv)	bel ṣodfa	بالصدفة
très (adv)	ʾawy	قوّي
par exemple (adv)	masalan	مثلاً
entre (prep)	beyn	بين
parmi (prep)	wesṭ	وسط
autant (adv)	ketīr	كتير
surtout (adv)	χāṣṣa	خاصّة

Concepts de base. Partie 2

19. Les jours de la semaine

lundi (m)	el etneyn (m)	الإتنين
mardi (m)	el talāt (m)	التلات
mercredi (m)	el arbe'ā' (m)	الأربعاء
jeudi (m)	el χamīs (m)	الخميس
vendredi (m)	el gom'a (m)	الجمعة
samedi (m)	el sabt (m)	السبت
dimanche (m)	el aḥad (m)	الأحد
aujourd'hui (adv)	el naharda	النهارده
demain (adv)	bokra	بكرة
après-demain (adv)	ba'd bokra (m)	بعد بكرة
hier (adv)	embāreḥ	امبارح
avant-hier (adv)	awwel embāreḥ	أوّل امبارح
jour (m)	yome (m)	يوم
jour (m) ouvrable	yome 'amal (m)	يوم عمل
jour (m) férié	agāza rasmiya (f)	أجازة رسميّة
jour (m) de repos	yome el agāza (m)	يوم أجازة
week-end (m)	nehāyet el osbū' (f)	نهاية الأسبوع
toute la journée	ṭūl el yome	طول اليوم
le lendemain	fel yome elly ba'dīh	في اليوم اللي بعديه
il y a 2 jours	men yomeyn	من يومين
la veille	fel yome elly 'ablo	في اليوم اللي قبله
quotidien (adj)	yawmy	يومي
tous les jours	yawmiyan	يومياً
semaine (f)	osbū' (m)	أسبوع
la semaine dernière	el esbū' elly fāt	الأسبوع اللي فات
la semaine prochaine	el esbū' elly gayī	الأسبوع اللي جاي
hebdomadaire (adj)	osbū'y	أسبوعي
chaque semaine	osbū'iyan	أسبوعياً
2 fois par semaine	marreteyn fel osbū'	مرّتين في الأسبوع
tous les mardis	koll solasā'	كلّ ثلاثاء

20. Les heures. Le jour et la nuit

matin (m)	ṣobḥ (m)	صبح
le matin	fel ṣobḥ	في الصبح
midi (m)	ẓohr (m)	ظهر
dans l'après-midi	ba'd el ḍohr	بعد الظهر
soir (m)	leyl (m)	ليل
le soir	bel leyl	بالليل

nuit (f)	leyl (m)	ليل
la nuit	bel leyl	بالليل
minuit (f)	noṣṣ el leyl (m)	نصّ الليل
seconde (f)	sanya (f)	ثانية
minute (f)	deʾʾa (f)	دقيقة
heure (f)	sāʿa (f)	ساعة
demi-heure (f)	noṣṣ sāʿa (m)	نصّ ساعة
un quart d'heure	robʿ sāʿa (f)	ربع ساعة
quinze minutes	χamastāʃer deʾʾa	خمستاشر دقيقة
vingt-quatre heures	arbaʿa we ʿeʃrīn sāʿa	أربعة وعشرين ساعة
lever (m) du soleil	ʃorūʾ el ʃams (m)	شروق الشمس
aube (f)	fagr (m)	فجر
point (m) du jour	ṣobḥ badry (m)	صبح بدري
coucher (m) du soleil	ɣorūb el ʃams (m)	غروب الشمس
tôt le matin	el ṣobḥ badry	الصبح بدري
ce matin	el naharda el ṣobḥ	النهاردة الصبح
demain matin	bokra el ṣobḥ	بكرة الصبح
cet après-midi	el naharda baʿd el ḍohr	النهاردة بعد الظهر
dans l'après-midi	baʿd el ḍohr	بعد الظهر
demain après-midi	bokra baʿd el ḍohr	بكرة بعد الظهر
ce soir	el naharda bel leyl	النهاردة بالليل
demain soir	bokra bel leyl	بكرة بالليل
à 3 heures précises	es sāʿa talāta bel ḍabṭ	الساعة تلاتة بالضبط
autour de 4 heures	es sāʿa arbaʿa taʾrīban	الساعة أربعة تقريبا
vers midi	ḥatt es sāʿa etnāʃar	حتى الساعة إتناشر
dans 20 minutes	fe χelāl ʿeʃrīn deʿeeʿa	في خلال عشرين دقيقة
dans une heure	fe χelāl sāʿa	في خلال ساعة
à temps	fe mawʿedo	في موعده
... moins le quart	ella robʿ	إلّا ربع
en une heure	χelāl sāʿa	خلال ساعة
tous les quarts d'heure	koll robʿ sāʿa	كلّ ربع ساعة
24 heures sur 24	leyl nahār	ليل نهار

21. Les mois. Les saisons

janvier (m)	yanāyer (m)	يناير
février (m)	febrāyer (m)	فبراير
mars (m)	māres (m)	مارس
avril (m)	ebrīl (m)	إبريل
mai (m)	māyo (m)	مايو
juin (m)	yonyo (m)	يونيو
juillet (m)	yolyo (m)	يوليو
août (m)	oɣosṭos (m)	أغسطس
septembre (m)	sebtamber (m)	سبتمبر
octobre (m)	oktober (m)	أكتوبر
novembre (m)	november (m)	نوفمبر

décembre (m)	desember (m)	ديسمبر
printemps (m)	rabee' (m)	ربيع
au printemps	fel rabee'	في الربيع
de printemps (adj)	rabee'y	ربيعي
été (m)	ṣeyf (m)	صيف
en été	fel ṣeyf	في الصيف
d'été (adj)	ṣeyfy	صيفي
automne (m)	χarīf (m)	خريف
en automne	fel χarīf	في الخريف
d'automne (adj)	χarīfy	خريفي
hiver (m)	ʃetā' (m)	شتاء
en hiver	fel ʃetā'	في الشتاء
d'hiver (adj)	ʃetwy	شتوّي
mois (m)	ʃahr (m)	شهر
ce mois	fel ʃahr da	في الشهر ده
le mois prochain	el ʃahr el gayī	الشهر الجايّ
le mois dernier	el ʃahr elly fāt	الشهر اللي فات
il y a un mois	men ʃahr	من شهر
dans un mois	ba'd ʃahr	بعد شهر
dans 2 mois	ba'd ʃahreyn	بعد شهرين
tout le mois	el ʃahr kollo	الشهر كلّه
tout un mois	ṭawāl el ʃahr	طوال الشهر
mensuel (adj)	ʃahry	شهري
mensuellement	ʃahry	شهري
chaque mois	koll ʃahr	كلّ شهر
2 fois par mois	marreteyn fel ʃahr	مرّتين في الشهر
année (f)	sana (f)	سنة
cette année	el sana di	السنة دي
l'année prochaine	el sana el gaya	السنة الجايّة
l'année dernière	el sana elly fātet	السنة اللي فاتت
il y a un an	men sana	من سنة
dans un an	ba'd sana	بعد سنة
dans 2 ans	ba'd sanateyn	بعد سنتين
toute l'année	el sana kollaha	السنة كلّها
toute une année	ṭūl el sana	طول السنة
chaque année	koll sana	كلّ سنة
annuel (adj)	sanawy	سنوّي
annuellement	koll sana	كلّ سنة
4 fois par an	arba' marrāt fel sana	أربع مرات في السنة
date (f) (jour du mois)	tarīχ (m)	تاريخ
date (f) (~ mémorable)	tarīχ (m)	تاريخ
calendrier (m)	natīga (f)	نتيجة
six mois	noṣṣ sana	نصّ سنة
semestre (m)	settet aʃ-hor (f)	ستّة أشهر
saison (f)	faṣl (m)	فصل
siècle (m)	qarn (m)	قرن

22. Les unités de mesure

poids (m)	wazn (m)	وزن
longueur (f)	ṭūl (m)	طول
largeur (f)	'arḍ (m)	عرض
hauteur (f)	ertefā' (m)	إرتفاع
profondeur (f)	'omq (m)	عمق
volume (m)	ḥagm (m)	حجم
aire (f)	mesāḥa (f)	مساحة
gramme (m)	gram (m)	جرام
milligramme (m)	milligrām (m)	ملّيغرام
kilogramme (m)	kilogrām (m)	كيلوغرام
tonne (f)	ṭenn (m)	طنّ
livre (f)	reṭl (m)	رطل
once (f)	onṣa (f)	أونصة
mètre (m)	metr (m)	متر
millimètre (m)	millimetr (m)	ملّيمتر
centimètre (m)	santimetr (m)	سنتيمتر
kilomètre (m)	kilometr (m)	كيلومتر
mille (m)	mīl (m)	ميل
pouce (m)	boṣa (f)	بوصة
pied (m)	'adam (m)	قدم
yard (m)	yarda (f)	ياردة
mètre (m) carré	metr morabba' (m)	متر مربّع
hectare (m)	hektār (m)	هكتار
litre (m)	litre (m)	لتر
degré (m)	daraga (f)	درجة
volt (m)	volt (m)	فولت
ampère (m)	ambere (m)	أمبير
cheval-vapeur (m)	ḥoṣān (m)	حصان
quantité (f)	kemiya (f)	كمّية
un peu de ...	ʃewayet ...	شويّة...
moitié (f)	noṣṣ (m)	نصّ
douzaine (f)	desta (f)	دستة
pièce (f)	waḥda (f)	وحدة
dimension (f)	ḥagm (m)	حجم
échelle (f) (de la carte)	me'yās (m)	مقياس
minimal (adj)	el adna	الأدنى
le plus petit (adj)	el aṣɣar	الأصغر
moyen (adj)	motawasseṭ	متوّسط
maximal (adj)	el aqṣa	الأقصى
le plus grand (adj)	el akbar	الأكبر

23. Les récipients

bocal (m) en verre	barṭamān (m)	برطمان
boîte, canette (f)	kanz (m)	كانز

seau (m)	gardal (m)	جردل
tonneau (m)	barmīl (m)	برميل
bassine, cuvette (f)	ḥoḍe lel ɣasīl (m)	حوض للغسيل
cuve (f)	χazzān (m)	خزّان
flasque (f)	zamzamiya (f)	زمزميّة
jerrican (m)	ʒerken (m)	جركن
citerne (f)	χazzān (m)	خزّان
tasse (f), mug (m)	mugg (m)	ماجّ
tasse (f)	fengān (m)	فنجان
soucoupe (f)	ṭaba' fengān (m)	طبق فنجان
verre (m) (~ d'eau)	kobbāya (f)	كوبّاية
verre (m) à vin	kāsa (f)	كاسة
faitout (m)	ḥalla (f)	حلّة
bouteille (f)	ezāza (f)	إزازة
goulot (m)	'onq (m)	عنق
carafe (f)	dawra' zogāgy (m)	دوّرق زجاجي
pichet (m)	ebrī' (m)	إبريق
récipient (m)	we'ā' (m)	وعاء
pot (m)	aṣīṣ (m)	أصيص
vase (m)	vāza (f)	فازة
flacon (m)	ezāza (f)	إزازة
fiole (f)	ezāza (f)	إزازة
tube (m)	anbūba (f)	أنبوبة
sac (m) (grand ~)	kīs (m)	كيس
sac (m) (~ en plastique)	kīs (m)	كيس
paquet (m) (~ de cigarettes)	'elba (f)	علبة
boîte (f)	'elba (f)	علبة
caisse (f)	ṣandū' (m)	صندوق
panier (m)	salla (f)	سلّة

L'HOMME

L'homme. Le corps humain

24. La téte

tête (f)	ra's (m)	رأس
visage (m)	weʃ (m)	وش
nez (m)	manaχīr (m)	مناخير
bouche (f)	bo' (m)	بوء
œil (m)	'eyn (f)	عين
les yeux	'oyūn (pl)	عيون
pupille (f)	ḥad'a (f)	حدقة
sourcil (m)	ḥāgeb (m)	حاجب
cil (m)	remʃ (m)	رمش
paupière (f)	gefn (m)	جفن
langue (f)	lesān (m)	لسان
dent (f)	senna (f)	سنّة
lèvres (f pl)	ʃafāyef (pl)	شفايف
pommettes (f pl)	'aḍmet el χadd (f)	عضمة الخدّ
gencive (f)	lassa (f)	لثّة
palais (m)	ḥanak (m)	حنك
narines (f pl)	manaχer (pl)	مناخر
menton (m)	da''n (m)	دقن
mâchoire (f)	fakk (m)	فكّ
joue (f)	χadd (m)	خدّ
front (m)	gabha (f)	جبهة
tempe (f)	ṣedɣ (m)	صدغ
oreille (f)	wedn (f)	ودن
nuque (f)	'afa (m)	قفا
cou (m)	ra'aba (f)	رقبة
gorge (f)	zore (m)	زور
cheveux (m pl)	ʃa'r (m)	شعر
coiffure (f)	tasrīḥa (f)	تسريحة
coupe (f)	tasrīḥa (f)	تسريحة
perruque (f)	barūka (f)	باروكة
moustache (f)	ʃanab (pl)	شنب
barbe (f)	leḥya (f)	لحية
porter (~ la barbe)	'ando	عنده
tresse (f)	ḍefīra (f)	ضفيرة
favoris (m pl)	sawālef (pl)	سوالف
roux (adj)	aḥmar el ʃa'r	أحمر الشعر
gris, grisonnant (adj)	ʃa'r abyaḍ	شعر أبيض

chauve (adj)	aṣlaʿ	أصلع
calvitie (f)	ṣalaʿ (m)	صلع
queue (f) de cheval	deyl ḥoṣān (m)	ديل حصان
frange (f)	ʾoṣṣa (f)	قصّة

25. Le corps humain

main (f)	yad (m)	يد
bras (m)	derāʿ (f)	دراع
doigt (m)	ṣobāʿ (m)	صباع
orteil (m)	ṣobāʿ el ʾadam (m)	صباع القدم
pouce (m)	ebhām (m)	إبهام
petit doigt (m)	χonṣor (m)	خنصر
ongle (m)	ḍefr (m)	ضفر
poing (m)	qabḍa (f)	قبضة
paume (f)	kaff (f)	كفّ
poignet (m)	meʿṣam (m)	معصم
avant-bras (m)	sāʿed (m)	ساعد
coude (m)	kūʿ (m)	كوع
épaule (f)	ketf (f)	كتف
jambe (f)	regl (f)	رجل
pied (m)	qadam (f)	قدم
genou (m)	rokba (f)	ركبة
mollet (m)	semmāna (f)	سمّانة
hanche (f)	faχd (f)	فخد
talon (m)	kaʿb (m)	كعب
corps (m)	gesm (m)	جسم
ventre (m)	baṭn (m)	بطن
poitrine (f)	ṣedr (m)	صدر
sein (m)	sady (m)	ثدي
côté (m)	ganb (m)	جنب
dos (m)	ḍahr (m)	ضهر
reins (région lombaire)	asfal el ḍahr (m)	أسفل الضهر
taille (f) (~ de guêpe)	wesṭ (f)	وسط
nombril (m)	sorra (f)	سرّة
fesses (f pl)	ardāf (pl)	أرداف
derrière (m)	debr (m)	دبر
grain (m) de beauté	ʃāma (f)	شامة
tache (f) de vin	waḥma	وحمة
tatouage (m)	waʃm (m)	وشم
cicatrice (f)	nadba (f)	ندبة

Les vêtements & les accessoires

26. Les vêtements d'extérieur

vêtement (m)	malābes (pl)	ملابس
survêtement (m)	malābes fo'aniya (pl)	ملابس فوقانيّة
vêtement (m) d'hiver	malābes ʃetwiya (pl)	ملابس شتويّة
manteau (m)	balṭo (m)	بالطو
manteau (m) de fourrure	balṭo farww (m)	بالطو فروّ
veste (f) de fourrure	ʒaket farww (m)	جاكيت فروّ
manteau (m) de duvet	balṭo maḥʃy rīʃ (m)	بالطو محشي ريش
veste (f) (~ en cuir)	ʒæket (m)	جاكيت
imperméable (m)	ʒæket lel maṭar (m)	جاكيت للمطر
imperméable (adj)	wāqy men el maya	واقي من الميّة

27. Men's & women's clothing

chemise (f)	'amīṣ (m)	قميص
pantalon (m)	banṭalone (f)	بنطلون
jean (m)	ʒeans (m)	جينز
veston (m)	ʒæket (f)	جاكت
complet (m)	badla (f)	بدلة
robe (f)	fostān (m)	فستان
jupe (f)	ʒība (f)	جيبة
chemisette (f)	bloza (f)	بلوزة
veste (f) en laine	kardigan (m)	كارديجن
jaquette (f), blazer (m)	ʒæket (m)	جاكيت
tee-shirt (m)	ti ʃirt (m)	تي شيرت
short (m)	ʃort (m)	شورت
costume (m) de sport	treneng (m)	ترينينج
peignoir (m) de bain	robe el ḥammām (m)	روب حمّام
pyjama (m)	beʒāma (f)	بيجاما
chandail (m)	blover (f)	بلوفر
pull-over (m)	blover (m)	بلوفر
gilet (m)	vest (m)	فيست
queue-de-pie (f)	badlet sahra ṭawīla (f)	بدلة سهرة طويلة
smoking (m)	badla (f)	بدلة
uniforme (m)	zayī muwaḥḥad (m)	زيّ موحّد
tenue (f) de travail	lebs el ʃoɣl (m)	لبس الشغل
salopette (f)	overall (m)	اوفر اول
blouse (f) (d'un médecin)	balṭo (m)	بالطو

28. Les sous-vêtements

sous-vêtements (m pl)	malābes dāχeliya (pl)	ملابس داخلية
boxer (m)	sirwāl dāχly rigāly (m)	سروال داخلي رجاليّ
slip (m) de femme	sirwāl dāχly nisā'y (m)	سروال داخلي نسائي
maillot (m) de corps	fanella (f)	فانلّا
chaussettes (f pl)	ʃarāb (m)	شراب
chemise (f) de nuit	'amīṣ nome (m)	قميص نوم
soutien-gorge (m)	setyāna (f)	ستيانة
chaussettes (f pl) hautes	ʃarabāt ṭawīla (pl)	شرابات طويلة
collants (m pl)	klone (m)	كلون
bas (m pl)	gawāreb (pl)	جوارب
maillot (m) de bain	mayo (m)	مايّوه

29. Les chapeaux

chapeau (m)	ṭa'iya (f)	طاقيّة
chapeau (m) feutre	borneyṭa (f)	برنيطة
casquette (f) de base-ball	base bāl kāb (m)	بيس بول كاب
casquette (f)	ṭa'iya mosaṭṭaḥa (f)	طاقيّة مسطحة
béret (m)	bereyh (m)	بيريه
capuche (f)	ɣaṭa' (f)	غطاء
panama (m)	qobba'et banama (f)	قبّعة بناما
bonnet (m) de laine	ays kāb (m)	آيس كاب
foulard (m)	eʃarb (m)	إيشارب
chapeau (m) de femme	borneyṭa (f)	برنيطة
casque (m) (d'ouvriers)	χawza (f)	خوذة
calot (m)	kāb (m)	كاب
casque (m) (~ de moto)	χawza (f)	خوذة
melon (m)	qobba'a (f)	قبّعة
haut-de-forme (m)	qobba'a rasmiya (f)	قبّعة رسمية

30. Les chaussures

chaussures (f pl)	gezam (pl)	جزم
bottines (f pl)	gazma (f)	جزمة
souliers (m pl) (~ plats)	gazma (f)	جزمة
bottes (f pl)	būt (m)	بوت
chaussons (m pl)	ʃebʃeb (m)	شبشب
tennis (m pl)	kotʃy tennis (m)	كوتشي تنس
baskets (f pl)	kotʃy (m)	كوتشي
sandales (f pl)	ṣandal (pl)	صندل
cordonnier (m)	eskāfy (m)	إسكافي
talon (m)	ka'b (m)	كعب

paire (f)	goze (m)	جوز
lacet (m)	ʃerī't (m)	شريط
lacer (vt)	rabaṭ	ربط
chausse-pied (m)	labbāsa el gazma (f)	لبّاسة الجزمة
cirage (m)	warnīʃ el gazma (m)	ورنيش الجزمة

31. Les accessoires personnels

gants (m pl)	gwanty (m)	جوانتي
moufles (f pl)	gwanty men ɣeyr aṣābe' (m)	جوانتي من غير أصابع
écharpe (f)	skarf (m)	سكارف
lunettes (f pl)	naḍḍāra (f)	نظّارة
monture (f)	eṭār (m)	إطار
parapluie (m)	ʃamsiya (f)	شمسيّة
canne (f)	'aṣāya (f)	عصاية
brosse (f) à cheveux	forʃet ʃa'r (f)	فرشة شعر
éventail (m)	marwaḥa (f)	مروّحة
cravate (f)	karavetta (f)	كرافتة
nœud papillon (m)	bebyona (m)	بيبيونة
bretelles (f pl)	ḥammala (f)	حمّالة
mouchoir (m)	mandīl (m)	منديل
peigne (m)	meʃṭ (m)	مشط
barrette (f)	dabbūs (m)	دبّوس
épingle (f) à cheveux	bensa (m)	بنسة
boucle (f)	bokla (f)	بكلة
ceinture (f)	ḥezām (m)	حزام
bandoulière (f)	ḥammalet el ketf (f)	حمّالة الكتف
sac (m)	ʃanṭa (f)	شنطة
sac (m) à main	ʃanṭet yad (f)	شنطة يد
sac (m) à dos	ʃanṭet ḍahr (f)	شنطة ظهر

32. Les vêtements. Divers

mode (f)	mūḍa (f)	موضة
à la mode (adj)	fel moḍa	في الموضة
couturier, créateur de mode	moṣammem azyā' (m)	مصمّم أزياء
col (m)	yā'a (f)	ياقة
poche (f)	geyb (m)	جيب
de poche (adj)	geyb	جيب
manche (f)	komm (m)	كمّ
bride (f)	'elāqa (f)	علّاقة
braguette (f)	lesān (m)	لسان
fermeture (f) à glissière	sosta (f)	سوستة
agrafe (f)	maʃbak (m)	مشبك
bouton (m)	zerr (m)	زرّ

boutonnière (f)	ʿarwa (f)	عروة
s'arracher (bouton)	we'eʿ	وقع
coudre (vi, vt)	χayaṭ	خيّط
broder (vt)	ṭarraz	طرّز
broderie (f)	taṭrīz (m)	تطريز
aiguille (f)	ebra (f)	إبرة
fil (m)	χeyṭ (m)	خيط
couture (f)	derz (m)	درز
se salir (vp)	ettwassaχ	إتّوسّخ
tache (f)	bo''a (f)	بقعة
se froisser (vp)	takarmaʃ	تكرمش
déchirer (vt)	'aṭaʿ	قطع
mite (f)	ʿetta (f)	عتّة

33. L'hygiène corporelle. Les cosmétiques

dentifrice (m)	maʿgūn asnān (m)	معجون أسنان
brosse (f) à dents	forʃet senān (f)	فرشة أسنان
se brosser les dents	naḍḍaf el asnān	نظّف الأسنان
rasoir (m)	mūs (m)	موس
crème (f) à raser	krīm ḥelā'a (m)	كريم حلاقة
se raser (vp)	ḥala'	حلق
savon (m)	ṣabūn (m)	صابون
shampooing (m)	ʃambū (m)	شامبو
ciseaux (m pl)	ma'aṣ (m)	مقص
lime (f) à ongles	mabrad (m)	مبرد
pinces (f pl) à ongles	mel'aṭ (m)	ملقط
pince (f) à épiler	mel'aṭ (m)	ملقط
produits (m pl) de beauté	mawād tagmīl (pl)	مواد تجميل
masque (m) de beauté	mask (m)	ماسك
manucure (f)	monekīr (m)	مونيكير
se faire les ongles	ʿamal monikīr	عمل مونيكير
pédicurie (f)	badikīr (m)	باديكير
trousse (f) de toilette	ʃanṭet mekyāʒ (f)	شنطة مكياج
poudre (f)	bodret weʃ (f)	بودرة وش
poudrier (m)	ʿelbet bodra (f)	علبة بودرة
fard (m) à joues	aḥmar χodūd (m)	أحمر خدود
parfum (m)	barfān (m)	بارفان
eau (f) de toilette	kolonya (f)	كولونيا
lotion (f)	loʃion (m)	لوشن
eau de Cologne (f)	kolonya (f)	كولونيا
fard (m) à paupières	eyeʃadow (m)	ايّ شادو
crayon (m) à paupières	koḥl (m)	كحل
mascara (m)	maskara (f)	ماسكارا
rouge (m) à lèvres	rūʒ (m)	روج

vernis (m) à ongles	monekīr (m)	مونيكير
laque (f) pour les cheveux	mosabbet el ʃa'r (m)	مثبّت الشعر
déodorant (m)	mozīl 'ara' (m)	مزيل عرق
crème (f)	krīm (m)	كريم
crème (f) pour le visage	krīm lel weʃ (m)	كريم للوش
crème (f) pour les mains	krīm eyd (m)	كريم أيد
crème (f) anti-rides	krīm moḍād lel taga'īd (m)	كريم مضاد للتجاعيد
crème (f) de jour	krīm en nahār (m)	كريم النهار
crème (f) de nuit	krīm el leyl (m)	كريم الليل
de jour (adj)	nahāry	نهاري
de nuit (adj)	layly	ليّلي
tampon (m)	tambon (m)	تانبون
papier (m) de toilette	wara' twalet (m)	ورق تواليت
sèche-cheveux (m)	seʃwār (m)	سشوار

34. Les montres. Les horloges

montre (f)	sā'a (f)	ساعة
cadran (m)	wag-h el sā'a (m)	وجه الساعة
aiguille (f)	'a'rab el sā'a (m)	عقرب الساعة
bracelet (m)	ʃerī'ṭ sā'a ma'daniya (m)	شريط ساعة معدنية
bracelet (m) (en cuir)	ʃerī'ṭ el sā'a (m)	شريط الساعة
pile (f)	baṭṭariya (f)	بطّاريّة
être déchargé	χelṣet	خلصت
changer de pile	ɣayar el baṭṭariya	غيّر البطّاريّة
avancer (vi)	saba'	سبق
retarder (vi)	ta'akχar	تأخّر
pendule (f)	sā'et ḥeyṭa (f)	ساعة حيطة
sablier (m)	sā'a ramliya (f)	ساعة رمليّة
cadran (m) solaire	sā'a ʃamsiya (f)	ساعة شمسيّة
réveil (m)	monabbeh (m)	منبّه
horloger (m)	sa'āty (m)	ساعاتي
réparer (vt)	ṣallaḥ	صلّح

Les aliments. L'alimentation

35. Les aliments

viande (f)	laḥma (f)	لحمة
poulet (m)	ferāχ (m)	فراخ
poulet (m) (poussin)	farrūg (m)	فرّوج
canard (m)	baṭṭa (f)	بطّة
oie (f)	wezza (f)	وزّة
gibier (m)	ṣeyd (m)	صيد
dinde (f)	dīk rūmy (m)	ديك رومي
du porc	laḥm el χanazīr (m)	لحم الخنزير
du veau	laḥm el ʿegl (m)	لحم العجل
du mouton	laḥm ḍāny (m)	لحم ضاني
du bœuf	laḥm baqary (m)	لحم بقري
lapin (m)	laḥm arāneb (m)	لحم أرانب
saucisson (m)	sogo'' (m)	سجق
saucisse (f)	sogo'' (m)	سجق
bacon (m)	bakon (m)	بيكون
jambon (m)	hām(m)	هام
cuisse (f)	faχd χanzīr (m)	فخد خنزير
pâté (m)	maʿgūn laḥm (m)	معجون لحم
foie (m)	kebda (f)	كبدة
farce (f)	hamburger (m)	هامبورجر
langue (f)	lesān (m)	لسان
œuf (m)	beyḍa (f)	بيضة
les œufs	beyḍ (m)	بيض
blanc (m) d'œuf	bayāḍ el beyḍ (m)	بياض البيض
jaune (m) d'œuf	ṣafār el beyḍ (m)	صفار البيض
poisson (m)	samak (m)	سمك
fruits (m pl) de mer	sīfūd (pl)	سي فود
caviar (m)	kaviar (m)	كافيار
crabe (m)	kaboria (m)	كابوريا
crevette (f)	gammbary (m)	جمبري
huître (f)	maḥār (m)	محار
langoustine (f)	estakoza (m)	استاكوزا
poulpe (m)	aχṭabūṭ (m)	أخطبوط
calamar (m)	kalmāry (m)	كالماري
esturgeon (m)	samak el ḥaffʃ (m)	سمك الحفش
saumon (m)	salamon (m)	سلمون
flétan (m)	samak el halbūt (m)	سمك الهلبوت
morue (f)	samak el qadd (m)	سمك القد
maquereau (m)	makerel (m)	ماكريل

thon (m)	tuna (f)	تونة
anguille (f)	ḥankalīs (m)	حنكليس
truite (f)	salamon mera''aṭ (m)	سلمون مرقّط
sardine (f)	sardīn (m)	سردين
brochet (m)	samak el karāky (m)	سمك الكراكي
hareng (m)	renga (f)	رنجة
pain (m)	ʿeyʃ (m)	عيش
fromage (m)	gebna (f)	جبنة
sucre (m)	sokkar (m)	سكّر
sel (m)	melḥ (m)	ملح
riz (m)	rozz (m)	رزّ
pâtes (m pl)	makaruna (f)	مكرونة
nouilles (f pl)	nūdles (f)	نودلز
beurre (m)	zebda (f)	زبدة
huile (f) végétale	zeyt (m)	زيت
huile (f) de tournesol	zeyt ʿabbād el ʃams (m)	زيت عبّاد الشمس
margarine (f)	margarīn (m)	مارجرين
olives (f pl)	zaytūn (m)	زيتون
huile (f) d'olive	zeyt el zaytūn (m)	زيت الزيتون
lait (m)	laban (m)	لبن
lait (m) condensé	ḥalīb mokassaf (m)	حليب مكثّف
yogourt (m)	zabādy (m)	زبادي
crème (f) aigre	kreyma ḥamḍa (f)	كريمة حامضة
crème (f) (de lait)	krīma (f)	كريمة
sauce (f) mayonnaise	mayonnɛ:z (m)	مايونيز
crème (f) au beurre	krīmet zebda (f)	كريمة زبدة
gruau (m)	ḥobūb 'amḥ (pl)	حبوب قمح
farine (f)	de'ī' (m)	دقيق
conserves (f pl)	moʿallabāt (pl)	معلّبات
pétales (m pl) de maïs	korn fleks (m)	كورن فليكس
miel (m)	ʿasal (m)	عسل
confiture (f)	mrabba (m)	مربّى
gomme (f) à mâcher	lebān (m)	لبان

36. Les boissons

eau (f)	meyāh (f)	مياه
eau (f) potable	mayet ʃorb (m)	ميّة شرب
eau (f) minérale	maya maʿdaniya (f)	ميّة معدنية
plate (adj)	rakeda	راكدة
gazeuse (l'eau ~)	kanz	كانز
pétillante (adj)	kanz	كانز
glace (f)	talg (m)	ثلج
avec de la glace	bel talg	بالتلج

sans alcool	men ɣeyr koḥūl	من غير كحول
boisson (f) non alcoolisée	maʃrūb ɣāzy (m)	مشروب غازي
rafraîchissement (m)	ḥāga sa''a (f)	حاجة ساقعة
limonade (f)	limonāta (f)	ليموناتة
boissons (f pl) alcoolisées	maʃrūbāt koḥūliya (pl)	مشروبات كحولية
vin (m)	χamra (f)	خمرة
vin (m) blanc	nebīz abyaḍ (m)	نبيذ أبيض
vin (m) rouge	nebī aḥmar (m)	نبيذ أحمر
liqueur (f)	liqure (m)	ليكيور
champagne (m)	ʃambania (f)	شمبانيا
vermouth (m)	vermote (m)	فيرموت
whisky (m)	wiski (m)	ويسكي
vodka (f)	vodka (f)	فودكا
gin (m)	ʒin (m)	جين
cognac (m)	konyāk (m)	كونياك
rhum (m)	rum (m)	رم
café (m)	'ahwa (f)	قهوة
café (m) noir	'ahwa sāda (f)	قهوة سادة
café (m) au lait	'ahwa bel ḥalīb (f)	قهوة بالحليب
cappuccino (m)	kaputʃino (m)	كابتشينو
café (m) soluble	neskafe (m)	نيسكافيه
lait (m)	laban (m)	لبن
cocktail (m)	koktayl (m)	كوكتيل
cocktail (m) au lait	milk ʃejk (m)	ميلك شيك
jus (m)	'aṣīr (m)	عصير
jus (m) de tomate	'aṣīr ṭamāṭem (m)	عصير طماطم
jus (m) d'orange	'aṣīr bortoqāl (m)	عصير برتقال
jus (m) pressé	'aṣīr freʃ (m)	عصير فريش
bière (f)	bīra (f)	بيرة
bière (f) blonde	bīra χafīfa (f)	بيرة خفيفة
bière (f) brune	bīra ɣam'a (f)	بيرة غامقة
thé (m)	ʃāy (m)	شاي
thé (m) noir	ʃāy aḥmar (m)	شاي أحمر
thé (m) vert	ʃāy aχḍar (m)	شاي أخضر

37. Les légumes

légumes (m pl)	χoḍār (pl)	خضار
verdure (f)	χoḍrawāt waraqiya (pl)	خضروات ورقية
tomate (f)	ṭamāṭem (f)	طماطم
concombre (m)	χeyār (m)	خيار
carotte (f)	gazar (m)	جزر
pomme (f) de terre	baṭāṭes (f)	بطاطس
oignon (m)	baṣal (m)	بصل
ail (m)	tūm (m)	ثوم

chou (m)	koronb (m)	كرنب
chou-fleur (m)	'arnabīṭ (m)	قرنبيط
chou (m) de Bruxelles	koronb broksel (m)	كرنب بروكسل
brocoli (m)	brokkoli (m)	بركولي
betterave (f)	bangar (m)	بنجر
aubergine (f)	bātengān (m)	باذنجان
courgette (f)	kōsa (f)	كوسة
potiron (m)	qar' 'asaly (m)	قرع عسلي
navet (m)	left (m)	لفت
persil (m)	ba'dūnes (m)	بقدونس
fenouil (m)	ʃabat (m)	شبت
laitue (f) (salade)	χass (m)	خسّ
céleri (m)	karfas (m)	كرفس
asperge (f)	helione (m)	هليون
épinard (m)	sabāneχ (m)	سبانخ
pois (m)	besella (f)	بسلّة
fèves (f pl)	fūl (m)	فول
maïs (m)	dora (f)	ذرة
haricot (m)	faṣolya (f)	فاصوليا
poivron (m)	felfel (m)	فلفل
radis (m)	fegl (m)	فجل
artichaut (m)	χarʃūf (m)	خرشوف

38. Les fruits. Les noix

fruit (m)	faχa (f)	فاكهة
pomme (f)	toffāḥa (f)	تفّاحة
poire (f)	komettra (f)	كمّثرى
citron (m)	lymūn (m)	ليمون
orange (f)	bortoqāl (m)	برتقال
fraise (f)	farawla (f)	فراولة
mandarine (f)	yosfy (m)	يوسفي
prune (f)	bar'ū' (m)	برقوق
pêche (f)	χawχa (f)	خوخة
abricot (m)	meʃmeʃ (f)	مشمش
framboise (f)	tūt el 'alī' el aḥmar (m)	توت العليق الأحمر
ananas (m)	ananās (m)	أناناس
banane (f)	moze (m)	موز
pastèque (f)	baṭṭīχ (m)	بطّيخ
raisin (m)	'enab (m)	عنب
merise (f), cerise (f)	karaz (m)	كرز
melon (m)	ʃammām (f)	شمّام
pamplemousse (m)	grabe frūt (m)	جريب فروت
avocat (m)	avokado (f)	افوكاتو
papaye (f)	babāya (m)	ببايا
mangue (f)	manga (m)	مانجة
grenade (f)	rommān (m)	رمان

groseille (f) rouge	keʃmeʃ aḥmar (m)	كشمش أحمر
cassis (m)	keʃmeʃ aswad (m)	كشمش أسود
groseille (f) verte	'enab el sa'lab (m)	عنب الثعلب
myrtille (f)	'enab al aḥrāg (m)	عنب الأحراج
mûre (f)	tūt aswad (m)	توت أسود
raisin (m) sec	zebīb (m)	زبيب
figue (f)	tīn (m)	تين
datte (f)	tamr (m)	تمر
cacahuète (f)	fūl sudāny (m)	فول سوداني
amande (f)	loze (m)	لوز
noix (f)	'eyn gamal (f)	عين الجمل
noisette (f)	bondo' (m)	بندق
noix (f) de coco	goze el hend (m)	جوز هند
pistaches (f pl)	fosto' (m)	فستق

39. Le pain. Les confiseries

confiserie (f)	ḥalawīāt (pl)	حلويّات
pain (m)	'eyʃ (m)	عيش
biscuit (m)	baskawīt (m)	بسكويت
chocolat (m)	ʃokolāta (f)	شكولاتة
en chocolat (adj)	bel ʃokolāṭa	بالشكولاتة
bonbon (m)	bonbony (m)	بونبوني
gâteau (m), pâtisserie (f)	keyka (f)	كيكة
tarte (f)	torta (f)	تورتة
gâteau (m)	feṭīra (f)	فطيرة
garniture (f)	ḥaʃwa (f)	حشوة
confiture (f)	mrabba (m)	مربّى
marmelade (f)	marmalād (f)	مرملاد
gaufre (f)	waffles (pl)	وافلز
glace (f)	'ays krīm (m)	آيس كريم
pudding (m)	būding (m)	بودنج

40. Les plats cuisinés

plat (m)	wagba (f)	وجبة
cuisine (f)	maṭbaχ (m)	مطبخ
recette (f)	waṣfa (f)	وصفة
portion (f)	naṣīb (m)	نصيب
salade (f)	solṭa (f)	سلطة
soupe (f)	ʃorba (f)	شوربة
bouillon (m)	mara'a (m)	مرقة
sandwich (m)	sandawitʃ (m)	ساندويتش
les œufs brouillés	beyḍ ma'ly (m)	بيض مقلي
hamburger (m)	hamburger (m)	هامبورجر

steak (m)	steak laḥm (m)	ستيك لحم
garniture (f)	ṭaba' gāneby (m)	طبق جانبي
spaghettis (m pl)	spaɣetti (m)	سباجيتي
purée (f)	baṭāṭes mahrūsa (f)	بطاطس مهروسة
pizza (f)	bītza (f)	بيتزا
bouillie (f)	'aṣīda (f)	عصيدة
omelette (f)	omlette (m)	اومليت
cuit à l'eau (adj)	maslū'	مسلوق
fumé (adj)	modakχen	مدخّن
frit (adj)	ma'ly	مقلي
sec (adj)	mogaffaf	مجفّف
congelé (adj)	mogammad	مجمّد
mariné (adj)	meχallel	مخلّل
sucré (adj)	mesakkar	مسكّر
salé (adj)	māleḥ	مالح
froid (adj)	bāred	بارد
chaud (adj)	soχn	سخن
amer (adj)	morr	مرّ
bon (savoureux)	ḥelw	حلو
cuire à l'eau	sala'	سلق
préparer (le dîner)	ḥaḍḍar	حضّر
faire frire	'ala	قلي
réchauffer (vt)	sakχan	سخّن
saler (vt)	rasʃ malḥ	رشّ ملح
poivrer (vt)	rasʃ felfel	رشّ فلفل
râper (vt)	baraʃ	برش
peau (f)	'eʃra (f)	قشرة
éplucher (vt)	'asʃar	قشّر

41. Les épices

sel (m)	melḥ (m)	ملح
salé (adj)	māleḥ	مالح
saler (vt)	rasʃ malḥ	رشّ ملح
poivre (m) noir	felfel aswad (m)	فلفل أسوّد
poivre (m) rouge	felfel aḥmar (m)	فلفل أحمر
moutarde (f)	mosṭarda (m)	مسطردة
raifort (m)	fegl ḥār (m)	فجل حار
condiment (m)	bahār (m)	بهار
épice (f)	bahār (m)	بهار
sauce (f)	ṣalṣa (f)	صلصة
vinaigre (m)	χall (m)	خلّ
anis (m)	yansūn (m)	ينسون
basilic (m)	rīḥān (m)	ريحان
clou (m) de girofle	'oronfol (m)	قرنفل
gingembre (m)	zangabīl (m)	زنجبيل
coriandre (m)	kozbora (f)	كزبرة

cannelle (f)	'erfa (f)	قرفة
sésame (m)	semsem (m)	سمسم
feuille (f) de laurier	wara' el ɣār (m)	ورق الغار
paprika (m)	babrika (f)	بابريكا
cumin (m)	karawya (f)	كراوية
safran (m)	za'farān (m)	زعفران

42. Les repas

nourriture (f)	akl (m)	أكل
manger (vi, vt)	akal	أكل
petit déjeuner (m)	foṭūr (m)	فطور
prendre le petit déjeuner	feṭer	فطر
déjeuner (m)	ɣada' (m)	غداء
déjeuner (vi)	etɣadda	إتغدّى
dîner (m)	'aʃā' (m)	عشاء
dîner (vi)	et'asʃa	إتعشّى
appétit (m)	ʃahiya (f)	شهيّة
Bon appétit!	bel hana wel ʃefa!	بالهنا والشفا!
ouvrir (vt)	fataḥ	فتح
renverser (liquide)	dala'	دلق
se renverser (liquide)	dala'	دلق
bouillir (vi)	ɣely	غلي
faire bouillir	ɣely	غلي
bouilli (l'eau ~e)	maɣly	مغلي
refroidir (vt)	barrad	برّد
se refroidir (vp)	barrad	برّد
goût (m)	ṭa'm (m)	طعم
arrière-goût (m)	ṭa'm ma ba'd el mazāq (m)	طعم ما بعد المذاق
suivre un régime	χass	خسّ
régime (m)	reʒīm (m)	رجيم
vitamine (f)	vitamīn (m)	فيتامين
calorie (f)	so'ra ḥarāriya (f)	سعرة حراريّة
végétarien (m)	nabāty (m)	نباتي
végétarien (adj)	nabāty	نباتي
lipides (m pl)	dohūn (pl)	دهون
protéines (f pl)	brotenāt (pl)	بروتينات
glucides (m pl)	naʃawīāt (pl)	نشويّات
tranche (f)	ʃarīḥa (f)	شريحة
morceau (m)	'eṭ'a (f)	قطعة
miette (f)	fattāta (f)	فتاتة

43. Le dressage de la table

cuillère (f)	ma'la'a (f)	معلقة
couteau (m)	sekkīna (f)	سكّينة

fourchette (f)	ʃawka (f)	شوكة
tasse (f)	fengān (m)	فنجان
assiette (f)	ṭaba' (m)	طبق
soucoupe (f)	ṭaba' fengān (m)	طبق فنجان
serviette (f)	mandīl wara' (m)	منديل ورق
cure-dent (m)	χallet senān (f)	خلة سنان

44. Le restaurant

restaurant (m)	maṭ'am (m)	مطعم
salon (m) de café	'ahwa (f), kaféih (m)	قهوة ,كافيه
bar (m)	bār (m)	بار
salon (m) de thé	ṣalone ʃāy (m)	صالون شاي
serveur (m)	garsone (m)	جرسون
serveuse (f)	garsona (f)	جرسونة
barman (m)	bārman (m)	بارمان
carte (f)	qā'emet el ṭa'ām (f)	قائمة طعام
carte (f) des vins	qā'emet el χomūr (f)	قائمة خمور
réserver une table	ḥagaz sofra	حجز سفرة
plat (m)	wagba (f)	وجبة
commander (vt)	ṭalab	طلب
faire la commande	ṭalab	طلب
apéritif (m)	ʃarāb (m)	شراب
hors-d'œuvre (m)	moqabbelāt (pl)	مقبّلات
dessert (m)	ḥalawīāt (pl)	حلويّات
addition (f)	ḥesāb (m)	حساب
régler l'addition	dafa' el ḥesāb	دفع الحساب
rendre la monnaie	edda el bā'y	ادّي الباقي
pourboire (m)	ba'ʃīʃ (m)	بقشيش

La famille. Les parents. Les amis

45. Les données personnelles. Les formulaires

prénom (m)	esm (m)	اسم
nom (m) de famille	esm el 'a'ela (m)	اسم العائلة
date (f) de naissance	tarīχ el melād (m)	تاريخ الميلاد
lieu (m) de naissance	makān el melād (m)	مكان الميلاد
nationalité (f)	gensiya (f)	جنسيّة
domicile (m)	maqarr el eqāma (m)	مقرّ الإقامة
pays (m)	balad (m)	بلد
profession (f)	mehna (f)	مهنة
sexe (m)	ginss (m)	جنس
taille (f)	ṭūl (m)	طول
poids (m)	wazn (m)	وزن

46. La famille. Les liens de parenté

mère (f)	walda (f)	والدة
père (m)	wāled (m)	والد
fils (m)	walad (m)	ولد
fille (f)	bent (f)	بنت
fille (f) cadette	el bent el saɣīra (f)	البنت الصغيرة
fils (m) cadet	el ebn el saɣīr (m)	الابن الصغير
fille (f) aînée	el bent el kebīra (f)	البنت الكبيرة
fils (m) aîné	el ebn el kabīr (m)	الابن الكبير
frère (m)	aχ (m)	أخ
frère (m) aîné	el aχ el kibīr (m)	الأخ الكبير
frère (m) cadet	el aχ el ṣoɣeyyir (m)	الأخ الصغير
sœur (f)	oχt (f)	أخت
sœur (f) aînée	el uχt el kibīra (f)	الأخت الكبيرة
sœur (f) cadette	el uχt el ṣoɣeyyira (f)	الأخت الصغيرة
cousin (m)	ibn 'amm (m), ibn χāl (m)	إبن عمّ, إبن خال
cousine (f)	bint 'amm (f), bint χāl (f)	بنت عم, بنت خال
maman (f)	mama (f)	ماما
papa (m)	baba (m)	بابا
parents (m pl)	waldeyn (du)	والدين
enfant (m, f)	ṭefl (m)	طفل
enfants (pl)	aṭfāl (pl)	أطفال
grand-mère (f)	gedda (f)	جدّة
grand-père (m)	gadd (m)	جدّ
petit-fils (m)	ḥafīd (m)	حفيد

petite-fille (f)	ḥafīda (f)	حفيدة
petits-enfants (pl)	aḥfād (pl)	أحفاد
oncle (m)	'amm (m), χāl (m)	عمّ, خال
tante (f)	'amma (f), χāla (f)	عمة, خالة
neveu (m)	ibn el aχ (m), ibn el uχt (m)	إبن الأخ, إبن الأخت
nièce (f)	bint el aχ (f), bint el uχt (f)	بنت الأخ, بنت الأخت
belle-mère (f)	ḥamah (f)	حماة
beau-père (m)	ḥama (m)	حما
gendre (m)	goze el bent (m)	جوز البنت
belle-mère (f)	merāt el abb (f)	مرات الأب
beau-père (m)	goze el omm (m)	جوز الأم
nourrisson (m)	ṭefl raḍee' (m)	طفل رضيع
bébé (m)	mawlūd (m)	موّلود
petit (m)	walad ṣaɣīr (m)	ولد صغير
femme (f)	goza (f)	جوزة
mari (m)	goze (m)	جوز
époux (m)	goze (m)	جوز
épouse (f)	goza (f)	جوزة
marié (adj)	metgawwez	متجوّز
mariée (adj)	metgawweza	متجوّزة
célibataire (adj)	a'zab	أعزب
célibataire (m)	a'zab (m)	أعزب
divorcé (adj)	moṭallaq (m)	مطلّق
veuve (f)	armala (f)	أرملة
veuf (m)	armal (m)	أرمل
parent (m)	'arīb (m)	قريب
parent (m) proche	nesīb 'arīb (m)	نسيب قريب
parent (m) éloigné	nesīb be'īd (m)	نسيب بعيد
parents (m pl)	aqāreb (pl)	أقارب
orphelin (m), orpheline (f)	yatīm (m)	يتيم
tuteur (m)	walyī amr (m)	وليّ أمر
adopter (un garçon)	tabanna	تبنّى
adopter (une fille)	tabanna	تبنّى

La médecine

47. Les maladies

maladie (f)	marad̩ (m)	مرض
être malade	mered̩	مرض
santé (f)	ṣeḥḥa (f)	صحّة
rhume (m) (coryza)	raʃ-ḥ fel anf (m)	رشح في الأنف
angine (f)	eltehāb el lawzateyn (m)	إلتهاب اللوزتين
refroidissement (m)	zokām (m)	زكام
prendre froid	gālo bard	جاله برد
bronchite (f)	eltehāb ʃoʿaby (m)	إلتهاب شعبيّ
pneumonie (f)	eltehāb raʾawy (m)	إلتهاب رئوي
grippe (f)	influenza (f)	إنفلونزا
myope (adj)	ʾaṣīr el naẓar	قصير النظر
presbyte (adj)	beʿīd el naẓar	بعيد النظر
strabisme (m)	ḥawal (m)	حوَل
strabique (adj)	aḥwal	أحوَل
cataracte (f)	katarakt (f)	كاتاراكت
glaucome (m)	glawkoma (f)	جلوكوما
insulte (f)	sakta (f)	سكتة
crise (f) cardiaque	azma ʾalbiya (f)	أزمة قلبية
infarctus (m) de myocarde	nawba ʾalbiya (f)	نوبة قلبية
paralysie (f)	ʃalal (m)	شلل
paralyser (vt)	ʃall	شلّ
allergie (f)	ḥasasiya (f)	حساسيّة
asthme (m)	rabw (m)	ربو
diabète (m)	dāʾ el sokkary (m)	داء السكّري
mal (m) de dents	alam asnān (m)	ألم الأسنان
carie (f)	naχr el asnān (m)	نخر الأسنان
diarrhée (f)	es-hāl (m)	إسهال
constipation (f)	emsāk (m)	إمساك
estomac (m) barbouillé	edṭrāb el meʿda (m)	إضطراب المعدة
intoxication (f) alimentaire	tasammom (m)	تسمم
être intoxiqué	etsammem	إتسمّم
arthrite (f)	eltehāb el mafāṣel (m)	إلتهاب المفاصل
rachitisme (m)	kosāḥ el aṭfāl (m)	كساح الأطفال
rhumatisme (m)	rheumatism (m)	روماتزم
athérosclérose (f)	taṣṣallob el ʃarayīn (m)	تصلّب الشرايين
gastrite (f)	eltehāb el meʿda (m)	إلتهاب المعدة
appendicite (f)	eltehāb el zayda el dūdiya (m)	إلتهاب الزائدة الدودية

cholécystite (f)	eltehāb el marāra (m)	إلتهاب المرارة
ulcère (m)	qorḥa (f)	قرحة
rougeole (f)	maraḍ el ḥaṣba (m)	مرض الحصبة
rubéole (f)	el ḥaṣba el almaniya (f)	الحصبة الألمانية
jaunisse (f)	yaraqān (m)	يرقان
hépatite (f)	eltehāb el kabed el vayrūsy (m)	إلتهاب الكبد الفيروسي
schizophrénie (f)	fuṣām (m)	فصام
rage (f) (hydrophobie)	dā' el kalb (m)	داء الكلب
névrose (f)	eḍṭrāb 'aṣaby (m)	إضطراب عصبي
commotion (f) cérébrale	ertegāg el moχ (m)	إرتجاج المخ
cancer (m)	saraṭān (m)	سرطان
sclérose (f)	taṣṣallob (m)	تصلّب
sclérose (f) en plaques	taṣṣallob mota'added (m)	تصلّب متعدّد
alcoolisme (m)	edmān el χamr (m)	إدمان الخمر
alcoolique (m)	modmen el χamr (m)	مدمن الخمر
syphilis (f)	syfilis el zehry (m)	سفلس الزهري
SIDA (m)	el eydz (m)	الايدز
tumeur (f)	waram (m)	ورم
maligne (adj)	χabīs	خبيث
bénigne (adj)	ḥamīd (m)	حميد
fièvre (f)	ḥomma (f)	حمّى
malaria (f)	malaria (f)	ملاريا
gangrène (f)	ɣanɣarīna (f)	غنغرينا
mal (m) de mer	dawār el baḥr (m)	دوار البحر
épilepsie (f)	maraḍ el ṣara' (m)	مرض الصرع
épidémie (f)	wabā' (m)	وباء
typhus (m)	tyfus (m)	تيفوس
tuberculose (f)	maraḍ el soll (m)	مرض السلّ
choléra (m)	kōlīra (f)	كوليرا
peste (f)	ṭa'ūn (m)	طاعون

48. Les symptômes. Le traitement. Partie 1

symptôme (m)	'araḍ (m)	عرض
température (f)	ḥarāra (f)	حرارة
fièvre (f)	ḥomma (f)	حمّى
pouls (m)	nabḍ (m)	نبض
vertige (m)	dawχa (f)	دوخة
chaud (adj)	soχn	سخن
frisson (m)	ra'ʃa (f)	رعشة
pâle (adj)	aṣfar	أصفر
toux (f)	koḥḥa (f)	كحّة
tousser (vi)	kaḥḥ	كحّ
éternuer (vi)	'aṭas	عطس

évanouissement (m)	dawχa (f)	دوخة
s'évanouir (vp)	oɣma ʿaleyh	أغمي عليه
bleu (m)	kadma (f)	كدمة
bosse (f)	tawarrom (m)	تورّم
se heurter (vp)	etχabaṭ	إتخبط
meurtrissure (f)	raḍḍa (f)	رضّة
se faire mal	etkadam	إتكدم
boiter (vi)	ʿarag	عرج
foulure (f)	χalʿ (m)	خلع
se démettre (l'épaule, etc.)	χalaʿ	خلع
fracture (f)	kasr (m)	كسر
avoir une fracture	enkasar	إنكسر
coupure (f)	garḥ (m)	جرح
se couper (~ le doigt)	garaḥ nafsoh	جرح نفسه
hémorragie (f)	nazīf (m)	نزيف
brûlure (f)	ḥarʾ (m)	حرق
se brûler (vp)	et-ḥaraʾ	إتحرق
se piquer (le doigt)	waχaz	وخز
se piquer (vp)	waχaz nafso	وخز نفسه
blesser (vt)	aṣāb	أصاب
blessure (f)	eṣāba (f)	إصابة
plaie (f) (blessure)	garḥ (m)	جرح
trauma (m)	ṣadma (f)	صدمة
délirer (vi)	haza	هذى
bégayer (vi)	talaʿsam	تلعثم
insolation (f)	ḍarabet ʃams (f)	ضربة شمس

49. Les symptômes. Le traitement. Partie 2

douleur (f)	alam (m)	ألم
écharde (f)	ʃazya (f)	شظية
sueur (f)	ʿerʾ (m)	عرق
suer (vi)	ʿereʾ	عرق
vomissement (m)	targeeʿ (m)	ترجيع
spasmes (m pl)	taʃonnogāt (pl)	تشنّجات
enceinte (adj)	ḥāmel	حامل
naître (vi)	etwalad	اتولّد
accouchement (m)	welāda (f)	ولادة
accoucher (vi)	walad	ولد
avortement (m)	eg-hāḍ (m)	إجهاض
respiration (f)	tanaffos (m)	تنفّس
inhalation (f)	estenʃāq (m)	إستنشاق
expiration (f)	zafīr (m)	زفير
expirer (vi)	zafar	زفر
inspirer (vi)	estanʃaq	إستنشق

invalide (m)	mo'āq (m)	معاق
handicapé (m)	moq'ad (m)	مقعد
drogué (m)	modmen moχaddarāt (m)	مدمن مخدّرات
sourd (adj)	aṭraʃ	أطرش
muet (adj)	aχras	أخرس
sourd-muet (adj)	aṭraʃ aχras	أطرش أخرس
fou (adj)	magnūn (m)	مجنون
fou (m)	magnūn (m)	مجنون
folle (f)	magnūna (f)	مجنونة
devenir fou	etgannen	اتجنّن
gène (m)	ʒīn (m)	جين
immunité (f)	manā'a (f)	مناعة
héréditaire (adj)	werāsy	وراثي
congénital (adj)	χolqy men el welāda	خلقي من الولادة
virus (m)	virūs (m)	فيروس
microbe (m)	mikrūb (m)	ميكروب
bactérie (f)	garsūma (f)	جرثومة
infection (f)	'adwa (f)	عدوى

50. Les symptômes. Le traitement. Partie 3

hôpital (m)	mostaʃfa (m)	مستشفى
patient (m)	marīḍ (m)	مريض
diagnostic (m)	taʃχīṣ (m)	تشخيص
cure (f) (faire une ~)	ʃefā' (m)	شفاء
traitement (m)	'elāg ṭebby (m)	علاج طبي
se faire soigner	et'āleg	اتعالج
traiter (un patient)	'ālag	عالج
soigner (un malade)	marraḍ	مرّض
soins (m pl)	'enāya (f)	عناية
opération (f)	'amaliya grāḥiya (f)	عمليّة جراحية
panser (vt)	ḍammad	ضمّد
pansement (m)	taḍmīd (m)	تضميد
vaccination (f)	talqīḥ (m)	تلقيح
vacciner (vt)	laqqaḥ	لقّح
piqûre (f)	ḥo'na (f)	حقنة
faire une piqûre	ḥa'an ebra	حقن إبرة
crise, attaque (f)	nawba (f)	نوبة
amputation (f)	batr (m)	بتر
amputer (vt)	batr	بتر
coma (m)	ɣaybūba (f)	غيبوبة
être dans le coma	kān fi ḥālet ɣaybūba	كان في حالة غيبوبة
réanimation (f)	el 'enāya el morakkaza (f)	العناية المركّزة
se rétablir (vp)	ʃefy	شفي
état (m) (de santé)	ḥāla (f)	حالة

conscience (f)	wa'y (m)	وعي
mémoire (f)	zākera (f)	ذاكرة
arracher (une dent)	χala'	خلع
plombage (m)	ḥaʃww (m)	حشو
plomber (vt)	ḥaʃa	حشا
hypnose (f)	el tanwīm el meɣnaṭīsy (m)	التنويم المغناطيسي
hypnotiser (vt)	nawwem	نوّم

51. Les médecins

médecin (m)	doktore (m)	دكتور
infirmière (f)	momarreḍa (f)	ممرّضة
médecin (m) personnel	doktore ʃaχṣy (m)	دكتور شخصي
dentiste (m)	doktore asnān (m)	دكتور أسنان
ophtalmologiste (m)	doktore el 'oyūn (m)	دكتور العيون
généraliste (m)	ṭabīb baṭna (m)	طبيب باطنة
chirurgien (m)	garrāḥ (m)	جرّاح
psychiatre (m)	doktore nafsāny (m)	دكتور نفساني
pédiatre (m)	doktore aṭfāl (m)	دكتور أطفال
psychologue (m)	aχeṣā'y 'elm el nafs (m)	أخصائي علم النفس
gynécologue (m)	doktore nesa (m)	دكتور نسا
cardiologue (m)	doktore 'alb (m)	دكتور قلب

52. Les médicaments. Les accessoires

médicament (m)	dawā' (m)	دواء
remède (m)	'elāg (m)	علاج
prescrire (vt)	waṣaf	وصف
ordonnance (f)	waṣfa (f)	وصفة
comprimé (m)	'orṣ (m)	قرص
onguent (m)	marham (m)	مرهم
ampoule (f)	ambūla (f)	أمبولة
mixture (f)	dawā' ʃorb (m)	دواء شراب
sirop (m)	ʃarāb (m)	شراب
pilule (f)	ḥabba (f)	حبّة
poudre (f)	zorūr (m)	ذرور
bande (f)	ḍammāda ʃāʃ (f)	ضمادة شاش
coton (m) (ouate)	'oṭn (m)	قطن
iode (m)	yūd (m)	يود
sparadrap (m)	blaster (m)	بلاستر
compte-gouttes (m)	'aṭṭāra (f)	قطّارة
thermomètre (m)	termometr (m)	ترمومتر
seringue (f)	serennga (f)	سرنّجة
fauteuil (m) roulant	korsy motaḥarrek (m)	كرسي متحرك
béquilles (f pl)	'okkāz (m)	عكّاز

anesthésique (m)	mosakken (m)	مسكّن
purgatif (m)	molayen (m)	مليّن
alcool (m)	etanol (m)	إيثانول
herbe (f) médicinale	aʻʃāb ṭebbiya (pl)	أعشاب طبّية
d'herbes (adj)	ʻoʃby	عشبي

L'HABITAT HUMAIN

La ville

53. La ville. La vie urbaine

ville (f)	madīna (f)	مدينة
capitale (f)	ʻāṣema (f)	عاصمة
village (m)	qarya (f)	قرية
plan (m) de la ville	χarīṭet el madinah (f)	خريطة المدينة
centre-ville (m)	wesṭ el balad (m)	وسط البلد
banlieue (f)	ḍāḥeya (f)	ضاحية
de banlieue (adj)	el ḍawāḥy	الضواحي
périphérie (f)	aṭrāf el madīna (pl)	أطراف المدينة
alentours (m pl)	ḍawāḥy el madīna (pl)	ضواحي المدينة
quartier (m)	ḥayī (m)	حي
quartier (m) résidentiel	ḥayī sakany (m)	حي سكني
trafic (m)	ḥaraket el morūr (f)	حركة المرور
feux (m pl) de circulation	eʃārāt el morūr (pl)	إشارات المرور
transport (m) urbain	wasā'el el na'l (pl)	وسائل النقل
carrefour (m)	taqāṭoʻ (m)	تقاطع
passage (m) piéton	maʻbar (m)	معبر
passage (m) souterrain	nafa' moʃāh (m)	نفق مشاه
traverser (vt)	ʻabar	عبر
piéton (m)	māʃy (m)	ماشي
trottoir (m)	raṣīf (m)	رصيف
pont (m)	kobry (m)	كبري
quai (m)	korneyʃ (m)	كورنيش
fontaine (f)	nafūra (f)	نافورة
allée (f)	mamʃa (m)	ممشى
parc (m)	ḥadīqa (f)	حديقة
boulevard (m)	bolvār (m)	بولفار
place (f)	medān (m)	ميدان
avenue (f)	ʃāreʻ (m)	شارع
rue (f)	ʃāreʻ (m)	شارع
ruelle (f)	zo'ā' (m)	زقاق
impasse (f)	ṭarī' masdūd (m)	طريق مسدود
maison (f)	beyt (m)	بيت
édifice (m)	mabna (m)	مبنى
gratte-ciel (m)	nāṭeḥet sahāb (f)	ناطحة سحاب
façade (f)	waɣa (f)	واجهة
toit (m)	sa'f (m)	سقف

fenêtre (f)	ʃebbāk (m)	شبّاك
arc (m)	qose (m)	قوس
colonne (f)	ʻamūd (m)	عمود
coin (m)	zawya (f)	زاوية
vitrine (f)	vatrīna (f)	فترينة
enseigne (f)	yafṭa, lāfeta (f)	لافتة, يافطة
affiche (f)	boster (m)	بوستر
affiche (f) publicitaire	boster eʻlān (m)	بوستر إعلان
panneau-réclame (m)	lawḥet eʻlanāt (f)	لوحة إعلانات
ordures (f pl)	zebāla (f)	زبالة
poubelle (f)	ṣandū' zebāla (m)	صندوق زبالة
jeter à terre	rama zebāla	رمى زبالة
décharge (f)	mazbala (f)	مزبلة
cabine (f) téléphonique	koʃk telefōn (m)	كشك تليفون
réverbère (m)	ʻamūd nūr (m)	عمود نور
banc (m)	korsy (m)	كرسي
policier (m)	ʃorṭy (m)	شرطي
police (f)	ʃorṭa (f)	شرطة
clochard (m)	ʃaḥḥāt (m)	شحّات
sans-abri (m)	motaʃarred (m)	متشرّد

54. Les institutions urbaines

magasin (m)	maḥal (m)	محل
pharmacie (f)	ṣaydaliya (f)	صيدليّة
opticien (m)	maḥal naḍḍārāt (m)	محل نضّارات
centre (m) commercial	mole (m)	مول
supermarché (m)	subermarket (m)	سوبرماركت
boulangerie (f)	maχbaz (m)	مخبز
boulanger (m)	χabbāz (m)	خبّاز
pâtisserie (f)	ḥalawāny (m)	حلواني
épicerie (f)	ba''āla (f)	بقّالة
boucherie (f)	gezāra (f)	جزارة
magasin (m) de légumes	dokkān χoḍār (m)	دكّان خضار
marché (m)	sū' (f)	سوق
salon (m) de café	'ahwa (f), kaféih (m)	قهوة ,كافيه
restaurant (m)	maṭʻam (m)	مطعم
brasserie (f)	bār (m)	بار
pizzeria (f)	maḥal pizza (m)	محل بيتزا
salon (m) de coiffure	ṣalone ḥelā'a (m)	صالون حلاقة
poste (f)	maktab el barīd (m)	مكتب البريد
pressing (m)	dray klīn (m)	دراي كلين
atelier (m) de photo	estudio taṣwīr (m)	إستوديو تصوير
magasin (m) de chaussures	maḥal gezam (m)	محل جزم
librairie (f)	maḥal kotob (m)	محل كتب

magasin (m) d'articles de sport	maḥal mostalzamāt reyaḍiya (m)	محل مستلزمات رياضية
atelier (m) de retouche	maḥal χeyāṭet malābes (m)	محل خياطة ملابس
location (f) de vêtements	ta'gīr malābes rasmiya (m)	تأجير ملابس رسمية
location (f) de films	maḥal ta'gīr video (m)	محل تأجير فيديو
cirque (m)	serk (m)	سيرك
zoo (m)	ḥadīqet el ḥayawān (f)	حديقة حيوان
cinéma (m)	sinema (f)	سينما
musée (m)	mat-ḥaf (m)	متحف
bibliothèque (f)	maktaba (f)	مكتبة
théâtre (m)	masraḥ (m)	مسرح
opéra (m)	obra (f)	أوبرا
boîte (f) de nuit	malha leyly (m)	ملهى ليّلي
casino (m)	kazino (m)	كازينو
mosquée (f)	masged (m)	مسجد
synagogue (f)	kenīs (m)	كنيس
cathédrale (f)	katedra'iya (f)	كاتدرائية
temple (m)	ma'bad (m)	معبد
église (f)	kenīsa (f)	كنيسة
institut (m)	kolliya (m)	كليّة
université (f)	gam'a (f)	جامعة
école (f)	madrasa (f)	مدرسة
préfecture (f)	moqaṭ'a (f)	مقاطعة
mairie (f)	baladiya (f)	بلديّة
hôtel (m)	fondo' (m)	فندق
banque (f)	bank (m)	بنك
ambassade (f)	safāra (f)	سفارة
agence (f) de voyages	ʃerket seyāḥa (f)	شركة سياحة
bureau (m) d'information	maktab el este'lāmāt (m)	مكتب الإستعلامات
bureau (m) de change	ṣarrāfa (f)	صرّافة
métro (m)	metro (m)	مترو
hôpital (m)	mostaʃfa (m)	مستشفى
station-service (f)	maḥaṭṭet banzīn (f)	محطّة بنزين
parking (m)	maw'ef el 'arabeyāt (m)	موقف العربيات

55. Les enseignes. Les panneaux

enseigne (f)	yafṭa, lāfeta (f)	لافتة, يافطة
pancarte (f)	bayān (m)	بيان
poster (m)	boster (m)	بوستر
indicateur (m) de direction	'alāmet (f)	علامة إتجاه
flèche (f)	'alāmet eʃāra (f)	علامة إشارة
avertissement (m)	taḥzīr (m)	تحذير
panneau d'avertissement	lāfetat taḥzīr (f)	لافتة تحذير
avertir (vt)	ḥazzar	حذّر

jour (m) de repos	yome ʿoṭla (m)	يوم عطلة
horaire (m)	gadwal (m)	جدوَل
heures (f pl) d'ouverture	awʾāt el ʿamal (pl)	أوقات العمل
BIENVENUE!	ahlan w sahlan!	!أهلاَ وسهلا
ENTRÉE	doχūl	دخول
SORTIE	χorūg	خروج
POUSSER	edfaʿ	إدفع
TIRER	es-ḥab	إسحب
OUVERT	maftūḥ	مفتوح
FERMÉ	moɣlaq	مغلق
FEMMES	lel sayedāt	للسيدات
HOMMES	lel regāl	للرجال
RABAIS	χoṣomāt	خصومات
SOLDES	taχfeḍāt	تخفيضات
NOUVEAU!	gedīd!	!جديد
GRATUIT	maggānan	مجّاناً
ATTENTION!	entebāh!	!إنتباه
COMPLET	koll el amāken maḥgūza	كلّ الأماكن محجوزة
RÉSERVÉ	maḥgūz	محجوز
ADMINISTRATION	edāra	إدارة
RÉSERVÉ AU PERSONNEL	lel ʿamelīn faqaṭ	للعاملين فقط
ATTENTION CHIEN MÉCHANT	eḥzar wogūd kalb	إحذر وجود الكلب
DÉFENSE DE FUMER	mamnūʿ el tadχīn	ممنوع التدخين
PRIÈRE DE NE PAS TOUCHER	ʿadam el lams	عدم اللمس
DANGEREUX	χaṭīr	خطير
DANGER	χaṭar	خطر
HAUTE TENSION	tayār ʿāly	تيّار عالي
BAIGNADE INTERDITE	el sebāḥa mamnūʿa	السباحة ممنوعة
HORS SERVICE	moʿaṭṭal	معطّل
INFLAMMABLE	sareeʿ el eʃteʿāl	سريع الإشتعال
INTERDIT	mamnūʿ	ممنوع
PASSAGE INTERDIT	mamnūʿ el morūr	ممنوع المرور
PEINTURE FRAÎCHE	eḥzar ṭelāʾ ɣayr gāf	احذر طلاء غير جاف

56. Les transports en commun

autobus (m)	buṣ (m)	باص
tramway (m)	trām (m)	ترام
trolleybus (m)	trolly buṣ (m)	ترولي باص
itinéraire (m)	χaṭṭ (m)	خطّ
numéro (m)	raqam (m)	رقم
prendre ...	rāḥ be ...	... راح بـ
monter (dans l'autobus)	rekeb	ركب

descendre de ...	nezel men	نزل من
arrêt (m)	maw'af (m)	موّقف
arrêt (m) prochain	el maḥaṭṭa el gaya (f)	المحطة الجايّة
terminus (m)	'āχer maw'af (m)	آخر موقف
horaire (m)	gadwal (m)	جدوّل
attendre (vt)	estanna	إستنّى
ticket (m)	tazkara (f)	تذكرة
prix (m) du ticket	ogra (f)	أجرة
caissier (m)	kaʃier (m)	كاشيير
contrôle (m) des tickets	taftīʃ el tazāker (m)	تفتيش التذاكر
contrôleur (m)	mofatteʃ tazāker (m)	مفتّش تذاكر
être en retard	met'akχer	متأخّر
rater (~ le train)	ta'akχar	تأخّر
se dépêcher	mesta'gel	مستعجل
taxi (m)	taksi (m)	تاكسي
chauffeur (m) de taxi	sawwā' taksi (m)	سوّاق تاكسي
en taxi	bel taksi	بالتاكسي
arrêt (m) de taxi	maw'ef taksi (m)	موّقف تاكسي
appeler un taxi	kallem taksi	كلّم تاكسي
prendre un taxi	aχad taksi	أخد تاكسي
trafic (m)	ḥaraket el morūr (f)	حركة المرور
embouteillage (m)	zaḥmet el morūr (f)	زحمة المرور
heures (f pl) de pointe	sā'et el zorwa (f)	ساعة الذروة
se garer (vp)	rakan	ركن
garer (vt)	rakan	ركن
parking (m)	maw'ef el 'arabeyāt (m)	موقف العربيات
métro (m)	metro (m)	مترو
station (f)	maḥaṭṭa (f)	محطّة
prendre le métro	aχad el metro	أخد المترو
train (m)	qeṭār, 'aṭṭr (m)	قطار
gare (f)	maḥaṭṭet qeṭār (f)	محطّة قطار

57. Le tourisme

monument (m)	temsāl (m)	تمثال
forteresse (f)	'al'a (f)	قلعة
palais (m)	'aṣr (m)	قصر
château (m)	'al'a (f)	قلعة
tour (f)	borg (m)	برج
mausolée (m)	ḍarīḥ (m)	ضريح
architecture (f)	handasa me'māriya (f)	هندسة معمارية
médiéval (adj)	men el qorūn el wosṭa	من القرون الوسطى
ancien (adj)	'atīq	عتيق
national (adj)	waṭany	وطني
connu (adj)	maʃ-hūr	مشهور
touriste (m)	sā'eḥ (m)	سائح
guide (m) (personne)	morʃed (m)	مرشد

excursion (f)	gawla (f)	جولة
montrer (vt)	warra	ورّى
raconter (une histoire)	'āl	قال
trouver (vt)	la'a	لقى
se perdre (vp)	ḍā'	ضاع
plan (m) (du metro, etc.)	χarīṭa (f)	خريطة
carte (f) (de la ville, etc.)	χarīṭa (f)	خريطة
souvenir (m)	tezkār (m)	تذكار
boutique (f) de souvenirs	maḥal hadāya (m)	محل هدايا
prendre en photo	ṣawwar	صوّر
se faire prendre en photo	etṣawwar	إتصوّر

58. Le shopping

acheter (vt)	eʃtara	إشترى
achat (m)	ḥāga (f)	حاجة
faire des achats	eʃtara	إشترى
shopping (m)	ʃobbing (m)	شوبينج
être ouvert	maftūḥ	مفتوح
être fermé	moɣlaq	مغلق
chaussures (f pl)	gezam (pl)	جزم
vêtement (m)	malābes (pl)	ملابس
produits (m pl) de beauté	mawād tagmīl (pl)	مواد تجميل
produits (m pl) alimentaires	akl (m)	أكل
cadeau (m)	hediya (f)	هديّة
vendeur (m)	bayā' (m)	بيّاع
vendeuse (f)	bayā'a (f)	بيّاعة
caisse (f)	ṣandū' el daf' (m)	صندوق الدفع
miroir (m)	merāya (f)	مراية
comptoir (m)	manḍada (f)	منضدة
cabine (f) d'essayage	ɣorfet el 'eyās (f)	غرفة القياس
essayer (robe, etc.)	garrab	جرّب
aller bien (robe, etc.)	nāseb	ناسب
plaire (être apprécié)	'agab	عجب
prix (m)	se'r (m)	سعر
étiquette (f) de prix	tiket el se'r (m)	تيكت السعر
coûter (vt)	kallef	كلّف
Combien?	bekām?	بكام؟
rabais (m)	χaṣm (m)	خصم
pas cher (adj)	meʃ ɣāly	مش غالي
bon marché (adj)	reχīṣ	رخيص
cher (adj)	ɣāly	غالي
C'est cher	da ɣāly	ده غالي
location (f)	este'gār (m)	إستئجار
louer (une voiture, etc.)	est'gar	إستأجر

crédit (m)	e'temān (m)	إئتمان
à crédit (adv)	bel ta'seeṭ	بالتقسيط

59. L'argent

argent (m)	folūs (pl)	فلوس
échange (m)	taḥwīl 'omla (m)	تحويل عملة
cours (m) de change	se'r el ṣarf (m)	سعر الصرف
distributeur (m)	makinet ṣarrāf 'āly (f)	ماكينة صرّاف آلي
monnaie (f)	'erʃ (m)	قرش
dollar (m)	dolār (m)	دولار
euro (m)	yoro (m)	يورو
lire (f)	lira (f)	ليرة
mark (m) allemand	el mark el almāny (m)	المارك الألماني
franc (m)	frank (m)	فرنك
livre sterling (f)	geneyh esterlīny (m)	جنيه استرليني
yen (m)	yen (m)	ين
dette (f)	deyn (m)	دين
débiteur (m)	modīn (m)	مدين
prêter (vt)	sallef	سلّف
emprunter (vt)	estalaf	إستلف
banque (f)	bank (m)	بنك
compte (m)	ḥesāb (m)	حساب
verser (dans le compte)	awda'	أودع
verser dans le compte	awda' fel ḥesāb	أوّدع في الحساب
retirer du compte	saḥab men el ḥesāb	سحب من الحساب
carte (f) de crédit	kredit kard (f)	كريدت كارد
espèces (f pl)	kæʃ (m)	كاش
chèque (m)	ʃīk (m)	شيك
faire un chèque	katab ʃīk	كتب شيك
chéquier (m)	daftar ʃikāt (m)	دفتر شيكات
portefeuille (m)	maḥfaẓa (f)	محفظة
bourse (f)	maḥfazet fakka (f)	محفظة فكّة
coffre fort (m)	χazzāna (f)	خزّانة
héritier (m)	wāres (m)	وارث
héritage (m)	werāsa (f)	وراثة
fortune (f)	sarwa (f)	ثروّة
location (f)	'a'd el egār (m)	عقد الإيجار
loyer (m) (argent)	ogret el sakan (f)	أجرة السكن
louer (prendre en location)	est'gar	إستأجر
prix (m)	se'r (m)	سعر
coût (m)	taman (m)	ثمن
somme (f)	mablaɣ (m)	مبلغ
dépenser (vt)	ṣaraf	صرف
dépenses (f pl)	maṣarīf (pl)	مصاريف

économiser (vt)	waffar	وفّر
économe (adj)	mowaffer	موّفر
payer (régler)	dafa'	دفع
paiement (m)	daf' (m)	دفع
monnaie (f) (rendre la ~)	el bā'y (m)	الباقي
impôt (m)	ḍarība (f)	ضريبة
amende (f)	ɣarāma (f)	غرامة
mettre une amende	faraḍ ɣarāma	فرض غرامة

60. La poste. Les services postaux

poste (f)	maktab el barīd (m)	مكتب البريد
courrier (m) (lettres, etc.)	el barīd (m)	البريد
facteur (m)	sā'y el barīd (m)	ساعي البريد
heures (f pl) d'ouverture	aw'āt el 'amal (pl)	أوقات العمل
lettre (f)	resāla (f)	رسالة
recommandé (m)	resāla mosaggala (f)	رسالة مسجّلة
carte (f) postale	kart barīdy (m)	كرت بريدي
télégramme (m)	barqiya (f)	برقيّة
colis (m)	ṭard (m)	طرد
mandat (m) postal	ḥewāla māliya (f)	حوالة مالية
recevoir (vt)	estalam	إستلم
envoyer (vt)	arsal	أرسل
envoi (m)	ersāl (m)	إرسال
adresse (f)	'enwān (m)	عنوان
code (m) postal	raqam el barīd (m)	رقم البريد
expéditeur (m)	morsel (m)	مرسل
destinataire (m)	morsel elayh (m)	مرسل إليه
prénom (m)	esm (m)	اسم
nom (m) de famille	esm el 'a'ela (m)	اسم العائلة
tarif (m)	ta'rīfa (f)	تعريفة
normal (adj)	'ādy	عادي
économique (adj)	mowaffer	موّفر
poids (m)	wazn (m)	وزن
peser (~ les lettres)	wazan	وزن
enveloppe (f)	ẓarf (m)	ظرف
timbre (m)	ṭābe' (m)	طابع
timbrer (vt)	alṣaq ṭābe'	ألصق طابع

Le logement. La maison. Le foyer

61. La maison. L'électricité

électricité (f)	kahraba' (m)	كهرباء
ampoule (f)	lammba (f)	لمّبة
interrupteur (m)	meftāḥ (m)	مفتاح
plomb, fusible (m)	fuse (m)	فيوز
fil (m) (~ électrique)	selk (m)	سلك
installation (f) électrique	aslāk (pl)	أسلاك
compteur (m) électrique	ʿaddād (m)	عدّاد
relevé (m)	qerā'a (f)	قراءة

62. La villa et le manoir

maison (f) de campagne	villa rīfiya (f)	فيلا ريفيّة
villa (f)	villa (f)	فيلا
aile (f) (~ ouest)	genāḥ (m)	جناح
jardin (m)	geneyna (f)	جنينة
parc (m)	ḥadīqa (f)	حديقة
serre (f) tropicale	dafī'a (f)	دفيئة
s'occuper (~ du jardin)	ehtamm	إهتمّ
piscine (f)	ḥammām sebāḥa (m)	حمّام سباحة
salle (f) de gym	gīm (m)	جيم
court (m) de tennis	malʿab tennis (m)	ملعب تنسّ
salle (f) de cinéma	sinema manzeliya (f)	سينما منزليّة
garage (m)	garāʒ (m)	جراج
propriété (f) privée	melkiya χāṣa (f)	ملكيّة خاصّة
terrain (m) privé	arḍ χāṣa (m)	أرض خاصّة
avertissement (m)	taḥzīr (m)	تحذير
panneau d'avertissement	lāfetat taḥzīr (f)	لافتة تحذير
sécurité (f)	ḥerāsa (f)	حراسة
agent (m) de sécurité	ḥāres amn (m)	حارس أمن
alarme (f) antivol	gehāz enzār (m)	جهاز إنذار

63. L'appartement

appartement (m)	ʃa''a (f)	شقّة
chambre (f)	oḍa (f)	أوضة
chambre (f) à coucher	oḍet el nome (f)	أوضة النوم

salle (f) à manger	odet el sofra (f)	أوضة السفرة
salon (m)	odet el esteqbāl (f)	أوضة الإستقبال
bureau (m)	maktab (m)	مكتب
antichambre (f)	madχal (m)	مدخل
salle (f) de bains	ḥammām (m)	حمّام
toilettes (f pl)	ḥammām (m)	حمّام
plafond (m)	sa'f (m)	سقف
plancher (m)	arḍiya (f)	أرضية
coin (m)	zawya (f)	زاوية

64. Les meubles. L'intérieur

meubles (m pl)	asās (m)	أثاث
table (f)	maktab (m)	مكتب
chaise (f)	korsy (m)	كرسي
lit (m)	serīr (m)	سرير
canapé (m)	kanaba (f)	كنبة
fauteuil (m)	korsy (m)	كرسي
bibliothèque (f) (meuble)	χazzānet kotob (f)	خزّانة كتب
rayon (m)	raff (m)	رفّ
armoire (f)	dolāb (m)	دولاب
patère (f)	ʃammā'a (f)	شمّاعة
portemanteau (m)	ʃammā'a (f)	شمّاعة
commode (f)	dolāb adrāg (m)	دولاب أدراج
table (f) basse	ṭarabeyzet el 'ahwa (f)	طرابيزة القهوة
miroir (m)	merāya (f)	مراية
tapis (m)	seggāda (f)	سجّادة
petit tapis (m)	seggāda (f)	سجّادة
cheminée (f)	daffāya (f)	دفّاية
bougie (f)	ʃam'a (f)	شمعة
chandelier (m)	ʃam'adān (m)	شمعدان
rideaux (m pl)	satā'er (pl)	ستائر
papier (m) peint	wara' ḥā'eṭ (m)	ورق حائط
jalousie (f)	satā'er ofoqiya (pl)	ستائر أفقيّة
lampe (f) de table	abāʒūr (f)	اباجورة
applique (f)	lammbet ḥā'eṭ (f)	لمّبة حائط
lampadaire (m)	meṣbāḥ arḍy (m)	مصباح أرضي
lustre (m)	nagafa (f)	نجفة
pied (m) (~ de la table)	regl (f)	رجل
accoudoir (m)	masnad (m)	مسند
dossier (m)	masnad (m)	مسند
tiroir (m)	dorg (m)	درج

65. La literie

linge (m) de lit	bayāḍāt el serīr (pl)	بياضات السرير
oreiller (m)	maχadda (f)	مخدّة
taie (f) d'oreiller	kīs el maχadda (m)	كيس المخدّة
couverture (f)	leḥāf (m)	لحاف
drap (m)	melāya (f)	ملاية
couvre-lit (m)	ɣaṭā' el serīr (m)	غطاء السرير

66. La cuisine

cuisine (f)	maṭbaχ (m)	مطبخ
gaz (m)	ɣāz (m)	غاز
cuisinière (f) à gaz	botoɣāz (m)	بوتوغاز
cuisinière (f) électrique	forn kaharabā'y (m)	فرن كهربائي
four (m)	forn (m)	فرن
four (m) micro-ondes	mikroweyv (m)	ميكروويف
réfrigérateur (m)	tallāga (f)	ثلاجة
congélateur (m)	freyzer (m)	فريزر
lave-vaisselle (m)	ɣassālet aṭbā' (f)	غسّالة أطباق
hachoir (m) à viande	farrāmet laḥm (f)	فرّامة لحم
centrifugeuse (f)	'aṣṣāra (f)	عصّارة
grille-pain (m)	maḥmaṣet χobz (f)	محمصة خبز
batteur (m)	χallāṭ (m)	خلّاط
machine (f) à café	makinet ṣon' el 'ahwa (f)	ماكينة صنع القهوة
cafetière (f)	ɣallāya kahraba'iya (f)	غلّاية القهوة
moulin (m) à café	maṭ-ḥanet 'ahwa (f)	مطحنة قهوة
bouilloire (f)	ɣallāya (f)	غلّاية
théière (f)	barrād el ʃāy (m)	برّاد الشاي
couvercle (m)	ɣaṭā' (m)	غطاء
passoire (f) à thé	maṣfāh el ʃāy (f)	مصفاة الشاي
cuillère (f)	ma'la'a (f)	معلقة
petite cuillère (f)	ma'la'et ʃāy (f)	معلقة شاي
cuillère (f) à soupe	ma'la'a kebīra (f)	ملعقة كبيرة
fourchette (f)	ʃawka (f)	شوكة
couteau (m)	sekkīna (f)	سكّينة
vaisselle (f)	awāny (pl)	أواني
assiette (f)	ṭaba' (m)	طبق
soucoupe (f)	ṭaba' fengān (m)	طبق فنجان
verre (m) à shot	kāsa (f)	كاسة
verre (m) (~ d'eau)	kobbāya (f)	كوبّاية
tasse (f)	fengān (m)	فنجان
sucrier (m)	sokkariya (f)	سكّريّة
salière (f)	mamlaḥa (f)	مملحة
poivrière (f)	mobhera (f)	مبهرة

beurrier (m)	ṭaba' zebda (m)	طبق زبدة
casserole (f)	ḥalla (f)	حلّة
poêle (f)	ṭāsa (f)	طاسة
louche (f)	maɣrafa (f)	مغرفة
passoire (f)	maṣfāh (f)	مصفاه
plateau (m)	ṣeniya (f)	صينيّة
bouteille (f)	ezāza (f)	إزازة
bocal (m) (à conserves)	barṭamān (m)	برطمان
boîte (f) en fer-blanc	kanz (m)	كانز
ouvre-bouteille (m)	fattāḥa (f)	فتّاحة
ouvre-boîte (m)	fattāḥa (f)	فتّاحة
tire-bouchon (m)	barrīma (f)	بريّمة
filtre (m)	filter (m)	فلتر
filtrer (vt)	ṣaffa	صفّى
ordures (f pl)	zebāla (f)	زبالة
poubelle (f)	ṣandū' el zebāla (m)	صندوق الزبالة

67. La salle de bains

salle (f) de bains	ḥammām (m)	حمّام
eau (f)	meyāh (f)	مياه
robinet (m)	ḥanafiya (f)	حنفيّة
eau (f) chaude	maya soχna (f)	مايّة سخنة
eau (f) froide	maya barda (f)	مايّة باردة
dentifrice (m)	ma'gūn asnān (m)	معجون أسنان
se brosser les dents	naḍḍaf el asnān	نظّف الأسنان
brosse (f) à dents	forʃet senān (f)	فرشة أسنان
se raser (vp)	ḥala'	حلق
mousse (f) à raser	raɣwa lel ḥelā'a (f)	رغوة للحلاقة
rasoir (m)	mūs (m)	موس
laver (vt)	ɣasal	غسل
se laver (vp)	estaḥamma	إستحمّى
douche (f)	doʃ (m)	دوش
prendre une douche	aχad doʃ	أخد دوش
baignoire (f)	banyo (m)	بانيو
cuvette (f)	twalet (m)	تواليت
lavabo (m)	ḥoḍe (m)	حوض
savon (m)	ṣabūn (m)	صابون
porte-savon (m)	ṣabbāna (f)	صبّانة
éponge (f)	līfa (f)	ليفة
shampooing (m)	ʃambū (m)	شامبو
serviette (f)	fūṭa (f)	فوطة
peignoir (m) de bain	robe el ḥammām (m)	روب حمّام
lessive (f) (faire la ~)	ɣasīl (m)	غسيل
machine (f) à laver	ɣassāla (f)	غسّالة

faire la lessive	ɣasal el malābes	غسل الملابس
lessive (f) (poudre)	mas-ḥū' ɣasīl (m)	مسحوق غسيل

68. Les appareils électroménagers

téléviseur (m)	televizion (m)	تليفزيون
magnétophone (m)	gehāz tasgīl (m)	جهاز تسجيل
magnétoscope (m)	'āla tasgīl video (f)	آلة تسجيل فيديو
radio (f)	gehāz radio (m)	جهاز راديو
lecteur (m)	blayer (m)	بليير
vidéoprojecteur (m)	gehāz 'arḍ (m)	جهاز عرض
home cinéma (m)	sinema manzeliya (f)	سينما منزليّة
lecteur DVD (m)	dividī blayer (m)	دي في دي بليير
amplificateur (m)	mokabbaer el ṣote (m)	مكبّر الصوت
console (f) de jeux	'ātāry (m)	أتاري
caméscope (m)	kamera video (f)	كاميرا فيديو
appareil (m) photo	kamera (f)	كاميرا
appareil (m) photo numérique	kamera diʒital (f)	كاميرا ديجيتال
aspirateur (m)	maknasa kahraba'iya (f)	مكنسة كهربائيّة
fer (m) à repasser	makwa (f)	مكواة
planche (f) à repasser	lawḥet kayī (f)	لوحة كيّ
téléphone (m)	telefon (m)	تليفون
portable (m)	mobile (m)	موبايل
machine (f) à écrire	'āla katba (f)	آلة كاتبة
machine (f) à coudre	makanet el χeyāṭa (f)	مكنة الخياطة
micro (m)	mikrofon (m)	ميكروفون
écouteurs (m pl)	samma'āt ra'siya (pl)	سمّاعات رأسية
télécommande (f)	remowt kontrol (m)	ريموت كنترول
CD (m)	sidī (m)	سي دي
cassette (f)	kasett (m)	كاسيت
disque (m) (vinyle)	esṭewāna mūsīqa (f)	أسطوانة موسيقى

LES ACTIVITÉS HUMAINS

Le travail. Les affaires. Partie 1

69. Le bureau. La vie de bureau

bureau (m) (établissement)	maktab (m)	مكتب
bureau (m) (au travail)	maktab (m)	مكتب
accueil (m)	este'bāl (m)	إستقبال
secrétaire (m)	sekerteyr (m)	سكرتير
directeur (m)	modīr (m)	مدير
manager (m)	modīr (m)	مدير
comptable (m)	muḥāseb (m)	محاسب
collaborateur (m)	mowazzaf (m)	موظّف
meubles (m pl)	asās (m)	أثاث
bureau (m)	maktab (m)	مكتب
fauteuil (m)	korsy (m)	كرسي
classeur (m) à tiroirs	weḥdet adrāg (f)	وحدة أدراج
portemanteau (m)	ʃammā'a (f)	شمّاعة
ordinateur (m)	kombuter (m)	كمبيوتر
imprimante (f)	ṭābe'a (f)	طابعة
fax (m)	faks (m)	فاكس
copieuse (f)	'ālet nasχ (f)	آلة نسخ
papier (m)	wara' (m)	ورق
papeterie (f)	adawāt maktabiya (pl)	أدوات مكتبية
tapis (m) de souris	maws bād (m)	ماوس باد
feuille (f)	wara'a (f)	ورقة
classeur (m)	malaff (m)	ملفّ
catalogue (m)	fehras (m)	فهرس
annuaire (m)	dalīl el telefone (m)	دليل التليفون
documents (m pl)	wasā'eq (pl)	وثائق
brochure (f)	naʃra (f)	نشرة
prospectus (m)	manʃūr (m)	منشور
échantillon (m)	namūzag (m)	نموذج
formation (f)	egtemā' tadrīb (m)	إجتماع تدريب
réunion (f)	egtemā' (m)	إجتماع
pause (f) déjeuner	fatret el ɣada' (f)	فترة الغذاء
faire une copie	ṣawwar	صوّر
faire des copies	ṣawwar	صوّر
recevoir un fax	estalam faks	إستلم فاكس
envoyer un fax	ba'at faks	بعت فاكس
téléphoner, appeler	ettaṣal	إتّصل

répondre (vi, vt)	gāwab	جاوب
passer (au téléphone)	waṣṣal	وصّل
fixer (rendez-vous)	ḥadded	حدّد
montrer (un échantillon)	ʿaraḍ	عرض
être absent	ɣāb	غاب
absence (f)	ɣeyāb (m)	غياب

70. Les processus d'affaires. Partie 1

métier (m)	ʃoɣl (m)	شغل
firme (f), société (f)	ʃerka (f)	شركة
compagnie (f)	ʃerka (f)	شركة
corporation (f)	mo'assasa tegariya (f)	مؤسسة تجارية
entreprise (f)	ʃerka (f)	شركة
agence (f)	wekāla (f)	وكالة
accord (m)	ettefaqiya (f)	إتّفاقية
contrat (m)	ʿa'd (m)	عقد
marché (m) (accord)	ṣafqa (f)	صفقة
commande (f)	ṭalab (m)	طلب
terme (m) (~ du contrat)	ʃorūṭ (pl)	شروط
en gros (adv)	bel gomla	بالجملة
en gros (adj)	el gomla	الجملة
vente (f) en gros	beyʿ bel gomla (m)	بيع بالجملة
au détail (adj)	yebeeʿ bel tagze'a	يبيع بالتجزئة
vente (f) au détail	maḥal yebeeʿ bel tagze'a (m)	محل يبيع بالتجزئة
concurrent (m)	monāfes (m)	منافس
concurrence (f)	monafsa (f)	منافسة
concurrencer (vt)	nāfes	نافس
associé (m)	ʃerīk (m)	شريك
partenariat (m)	ʃarāka (f)	شراكة
crise (f)	azma (f)	أزمة
faillite (f)	eflās (m)	إفلاس
faire faillite	falles	فلّس
difficulté (f)	ṣoʿūba (f)	صعوبة
problème (m)	moʃkela (f)	مشكلة
catastrophe (f)	karsa (f)	كارثة
économie (f)	eqtiṣād (m)	إقتصاد
économique (adj)	eqteṣādy	إقتصادي
baisse (f) économique	rokūd eqteṣādy (m)	ركود إقتصادي
but (m)	hadaf (m)	هدف
objectif (m)	mohemma (f)	مهمّة
faire du commerce	tāger	تاجر
réseau (m) (de distribution)	ʃabaka (f)	شبكة
inventaire (m) (stocks)	el maχzūn (m)	المخزون
assortiment (m)	taʃkīla (f)	تشكيلة

leader (m)	qā'ed (m)	قائد
grande (~ entreprise)	kebīr	كبير
monopole (m)	eḥtekār (m)	إحتكار
théorie (f)	naẓariya (f)	نظريّة
pratique (f)	momarsa (f)	ممارسة
expérience (f)	xebra (f)	خبرة
tendance (f)	ettegāh (m)	إتّجاه
développement (m)	tanmeya (f)	تنمية

71. Les processus d'affaires. Partie 2

rentabilité (m)	rebḥ (m)	ربح
rentable (adj)	morbeḥ	مربح
délégation (f)	wafd (m)	وفد
salaire (m)	morattab (m)	مرتّب
corriger (une erreur)	ṣaḥḥaḥ	صحّح
voyage (m) d'affaires	reḥlet 'amal (f)	رحلة عمل
commission (f)	lagna (f)	لجنة
contrôler (vt)	et-ḥakkem	إتحكّم
conférence (f)	mo'tamar (m)	مؤتمر
licence (f)	roxṣa (f)	رخصة
fiable (partenaire ~)	mawsūq	موثوق
initiative (f)	mobadra (f)	مبادرة
norme (f)	me'yār (m)	معيار
circonstance (f)	ẓarf (m)	ظرف
fonction (f)	wāgeb (m)	واجب
entreprise (f)	monaẓẓama (f)	منظّمة
organisation (f)	tanẓīm (m)	تنظيم
organisé (adj)	monaẓẓam	منظّم
annulation (f)	elɣā' (m)	إلغاء
annuler (vt)	alɣa	ألغى
rapport (m)	ta'rīr (m)	تقرير
brevet (m)	bara'et el exterā' (f)	براءة الإختراع
breveter (vt)	saggel barā'et exterā'	سجّل براءة الإختراع
planifier (vt)	xaṭṭeṭ	خطّط
prime (f)	'alāwa (f)	علاوة
professionnel (adj)	mehany	مهني
procédure (f)	egrā' (m)	إجراء
examiner (vt)	baḥs fi	بحث في
calcul (m)	ḥesāb (m)	حساب
réputation (f)	som'a (f)	سمعة
risque (m)	moxaṭra (f)	مخاطرة
diriger (~ une usine)	adār	أدار
renseignements (m pl)	ma'lumāt (pl)	معلومات
propriété (f)	melkiya (f)	ملكيّة

union (f)	etteḥād (m)	إتّحاد
assurance vie (f)	ta'mīn 'alal ḥayah (m)	تأمين على الحياة
assurer (vt)	ammen	أمّن
assurance (f)	ta'mīn (m)	تأمين
enchères (f pl)	mazād (m)	مزاد
notifier (informer)	ballaɣ	بلّغ
gestion (f)	edāra (f)	إدارة
service (m)	χadma (f)	خدمة
forum (m)	nadwa (f)	ندوة
fonctionner (vi)	adda waẓīfa	أدّى وظيفة
étape (f)	marḥala (f)	مرحلة
juridique (services ~s)	qanūniya	قانونية
juriste (m)	muḥāmy (m)	محامي

72. L'usine. La production

usine (f)	maṣna' (m)	مصنع
fabrique (f)	maṣna' (m)	مصنع
atelier (m)	warʃa (f)	ورشة
site (m) de production	maṣna' (m)	مصنع
industrie (f)	ṣenā'a (f)	صناعة
industriel (adj)	ṣenā'y	صناعي
industrie (f) lourde	ṣenā'a te'īla (f)	صناعة ثقيلة
industrie (f) légère	ṣenā'a χafīfa (f)	صناعة خفيفة
produit (m)	montagāt (pl)	منتجات
produire (vt)	antag	أنتج
matières (f pl) premières	mawād χām (pl)	مواد خام
chef (m) d'équipe	ra'īs el 'ommāl (m)	رئيس العمّال
équipe (f) d'ouvriers	farī' el 'ommāl (m)	فريق العمّال
ouvrier (m)	'āmel (m)	عامل
jour (m) ouvrable	yome 'amal (m)	يوم عمل
pause (f) (repos)	rāḥa (f)	راحة
réunion (f)	egtemā' (m)	إجتماع
discuter (vt)	nā'eʃ	ناقش
plan (m)	χeṭṭa (f)	خطّة
accomplir le plan	naffez el χeṭṭa	نفّذ الخطّة
norme (f) de production	mo'addal el entāg (m)	معدّل الإنتاج
qualité (f)	gawda (f)	جودة
contrôle (m)	taftīʃ (m)	تفتيش
contrôle (m) qualité	ḍabṭ el gawda (m)	ضبط الجودة
sécurité (f) de travail	salāmet makān el 'amal (f)	سلامة مكان العمل
discipline (f)	enḍebāṭ (m)	إنضباط
infraction (f)	moχalfa (f)	مخالفة
violer (les règles)	χālef	خالف
grève (f)	eḍrāb (m)	إضراب
gréviste (m)	moḍrab (m)	مضرب

faire grève	aḍrab	أضرب
syndicat (m)	etteḥād el ʻomāl (m)	إتّحاد العمال
inventer (machine, etc.)	eχtaraʻ	إخترع
invention (f)	eχterāʻ (m)	إختراع
recherche (f)	baḥs (m)	بحث
améliorer (vt)	ḥassen	حسّن
technologie (f)	teknoloʒia (f)	تكنولوجيا
dessin (m) technique	rasm teqany (m)	رسم تقني
charge (f) (~ de 3 tonnes)	ʃaḥn (m)	شحن
chargeur (m)	ʃayāl (m)	شيّال
charger (véhicule, etc.)	ʃaḥn	شحن
chargement (m)	taḥmīl (m)	تحميل
décharger (vt)	farraɣ	فرّغ
déchargement (m)	tafrīɣ (m)	تفريغ
transport (m)	wasā'el el na'l (pl)	وسائل النقل
compagnie (f) de transport	ʃerket na'l (f)	شركة نقل
transporter (vt)	na'al	نقل
wagon (m) de marchandise	ʻarabet ʃaḥn (f)	عربة شحن
citerne (f)	χazzān (m)	خزّان
camion (m)	ʃāḥena (f)	شاحنة
machine-outil (f)	makana (f)	مكنة
mécanisme (m)	'āliya (f)	آليّة
déchets (m pl)	moχallafāt ṣenaʻiya (pl)	مخلفات صناعية
emballage (m)	taʻbe'a (f)	تعبئة
emballer (vt)	ʻabba	عبّأ

73. Le contrat. L'accord

contrat (m)	ʻa'd (m)	عقد
accord (m)	ettefā' (m)	إتّفاق
annexe (f)	molḥa' (m)	ملحق
signer un contrat	waqqaʻ ʻala ʻa'd	وقّع على عقد
signature (f)	tawqeeʻ (m)	توقيع
signer (vt)	waqqaʻ	وقّع
cachet (m)	χetm (m)	ختم
objet (m) du contrat	mawḍūʻ el ʻa'd (m)	موضوع العقد
clause (f)	band (m)	بند
côtés (m pl)	aṭrāf (pl)	أطراف
adresse (f) légale	ʻenwān qanūny (m)	عنوان قانوني
violer l'accord	χālef el ʻa'd	خالف العقد
obligation (f)	eltezām (m)	إلتزام
responsabilité (f)	mas'oliya (f)	مسؤوليّة
force (f) majeure	'owwa qāhera (m)	قوّة قاهرة
litige (m)	χelāf (m)	خلاف
pénalités (f pl)	ʻoqobāt (pl)	عقوبات

74. L'importation. L'exportation

importation (f)	esterād (m)	إستيراد
importateur (m)	mostawred (m)	مستورّد
importer (vt)	estawrad	إستورّد
d'importation	wāred	وارد
exportation (f)	taṣdīr (m)	تصدير
exportateur (m)	moṣadder (m)	مصدّر
exporter (vt)	ṣaddar	صدّر
d'exportation (adj)	sādir	صادر
marchandise (f)	baḍā'e' (pl)	بضائع
lot (m) de marchandises	ʃoḥna (f)	شحنة
poids (m)	wazn (m)	وزن
volume (m)	ḥagm (m)	حجم
mètre (m) cube	metr moka''ab (m)	متر مكعّب
producteur (m)	el ʃerka el moṣanne'a (f)	الشركة المصنّعة
compagnie (f) de transport	ʃerket na'l (f)	شركة نقل
container (m)	ḥāweya (f)	حاوية
frontière (f)	ḥadd (m)	حدّ
douane (f)	gamārek (pl)	جمارك
droit (m) de douane	rasm gomroky (m)	رسم جمركي
douanier (m)	mowazzaf el gamārek (m)	موظّف الجمارك
contrebande (f) (trafic)	tahrīb (m)	تهريب
contrebande (f)	beḍā'a moharraba (pl)	بضاعة مهربة

75. La finance

action (f)	sahm (m)	سهم
obligation (f)	sanad (m)	سند
lettre (f) de change	kembyāla (f)	كمبيالة
bourse (f)	borṣa (f)	بورصة
cours (m) d'actions	se'r el sahm (m)	سعر السهم
baisser (vi)	reχeṣ	رخص
augmenter (vi) (prix)	ʃely	غلي
part (f)	naṣīb (m)	نصيب
participation (f) de contrôle	el magmū'a el mosayṭara (f)	المجموعة المسيطرة
investissements (m pl)	estesmār (pl)	إستثمار
investir (vt)	estasmar	إستثمر
pour-cent (m)	bel me'a - bel miya	بالمئة
intérêts (m pl)	fayda (f)	فائدة
profit (m)	rebḥ (m)	ربح
profitable (adj)	morbeḥ	مربح
impôt (m)	ḍarība (f)	ضريبة
devise (f)	'omla (f)	عملة

national (adj)	waṭany	وطني
échange (m)	taḥwīl (m)	تحويل
comptable (m)	muḥāseb (m)	محاسب
comptabilité (f)	maḥasba (f)	محاسبة
faillite (f)	eflās (m)	إفلاس
krach (m)	enheyār (m)	إنهيار
ruine (f)	eflās (m)	إفلاس
se ruiner (vp)	falles	فلّس
inflation (f)	taḍakχom māly (m)	تضخّم مالي
dévaluation (f)	taχfīḍ qīmet 'omla (m)	تخفيض قيمة عملة
capital (m)	ra's māl (m)	رأس مال
revenu (m)	daχl (m)	دخل
chiffre (m) d'affaires	dawret ra's el māl (f)	دورة رأس المال
ressources (f pl)	mawāred (pl)	موارد
moyens (m pl) financiers	el mawāred el naqdiya (pl)	الموارد النقديّة
frais (m pl) généraux	nafa'āt 'āmma (pl)	نفقات عامّة
réduire (vt)	χaffaḍ	خفّض

76. La commercialisation. Le marketing

marketing (m)	taswī' (m)	تسويق
marché (m)	sū' (f)	سوق
segment (m) du marché	qaṭā' el sū' (m)	قطاع السوق
produit (m)	montag (m)	منتج
marchandise (f)	baḍā'e' (pl)	بضائع
marque (f) de fabrique	mārka (f)	ماركة
marque (f) déposée	marka tegāriya (f)	ماركة تجاريّة
logotype (m)	ʃe'ār (m)	شعار
logo (m)	ʃe'ār (m)	شعار
demande (f)	ṭalab (m)	طلب
offre (f)	mU'İddāt (pl)	معدّات
besoin (m)	ḥāga (f)	حاجة
consommateur (m)	mostahlek (m)	مستهلك
analyse (f)	taḥlīl (m)	تحليل
analyser (vt)	ḥallel	حلّل
positionnement (m)	waḍ' (m)	وضع
positionner (vt)	waḍa'	وضع
prix (m)	se'r (m)	سعر
politique (f) des prix	seyāset el as'ār (f)	سياسة الأسعار
formation (f) des prix	taʃkīl el as'ār (m)	تشكيل الأسعار

77. La publicité

publicité (f), pub (f)	e'lān (m)	إعلان
faire de la publicité	a'lan	أعلن

budget (m)	mezaniya (f)	ميزانية
annonce (f), pub (f)	eʿlān (m)	إعلان
publicité (f) à la télévision	eʿlān fel televizīōn (m)	إعلان في التليفزيون
publicité (f) à la radio	eʿlān fel radio (m)	إعلان في الراديو
publicité (f) extérieure	eʿlān zahery (m)	إعلان ظاهري
mass média (m pl)	wasā'el el eʿlām (pl)	وسائل الإعلام
périodique (m)	magalla dawriya (f)	مجلّة دوريّة
image (f)	imyʒ (m)	إيميج
slogan (m)	ʃeʿār (m)	شعار
devise (f)	ʃeʿār (m)	شعار
campagne (f)	ḥamla (f)	حملة
campagne (f) publicitaire	ḥamla eʿlaniya (f)	حملة إعلانيّة
public (m) cible	magmūʿa mostahdafa (f)	مجموعة مستهدفة
carte (f) de visite	kart el ʿamal (m)	كارت العمل
prospectus (m)	manʃūr (m)	منشور
brochure (f)	naʃra (f)	نشرة
dépliant (m)	kotayeb (m)	كتيّب
bulletin (m)	naʃra eχbariya (f)	نشرة إخبارية
enseigne (f)	yafṭa, lāfeta (f)	لافتة, يافطة
poster (m)	boster (m)	بوستر
panneau-réclame (m)	lawḥet eʿlanāt (f)	لوحة إعلانات

78. Les opérations bancaires

banque (f)	bank (m)	بنك
agence (f) bancaire	farʿ (m)	فرع
conseiller (m)	mowazzaf bank (m)	موظّف بنك
gérant (m)	modīr (m)	مدير
compte (m)	ḥesāb bank (m)	حساب بنك
numéro (m) du compte	raqam el ḥesāb (m)	رقم الحساب
compte (m) courant	ḥesāb gāry (m)	حساب جاري
compte (m) sur livret	ḥesāb tawfīr (m)	حساب توّفير
ouvrir un compte	fataḥ ḥesāb	فتح حساب
clôturer le compte	'afal ḥesāb	قفل حساب
verser dans le compte	awdaʿ fel ḥesāb	أودع في الحساب
retirer du compte	saḥab men el ḥesāb	سحب من الحساب
dépôt (m)	wadeeʿa (f)	وديعة
faire un dépôt	awdaʿ	أودع
virement (m) bancaire	ḥewāla maṣrefiya (f)	حوالة مصرفيّة
faire un transfert	ḥawwel	حوّل
somme (f)	mablaɣ (m)	مبلغ
Combien?	kām?	كام؟
signature (f)	tawqeeʿ (m)	توقيع
signer (vt)	waqqaʿ	وقّع

carte (f) de crédit	kredit kard (f)	كريدت كارد
code (m)	kōd (m)	كود
numéro (m) de carte de crédit	raqam el kredit kard (m)	رقم الكريدت كارد
distributeur (m)	makinet ṣarrāf ʾāly (f)	ماكينة صرّاف آلي
chèque (m)	ʃīk (m)	شيك
faire un chèque	katab ʃīk	كتب شيك
chéquier (m)	daftar ʃikāt (m)	دفتر شيكات
crédit (m)	qarḍ (m)	قرض
demander un crédit	ʾaddem ṭalab ʿala qarḍ	قدّم طلب على قرض
prendre un crédit	ḥaṣal ʿala qarḍ	حصل على قرض
accorder un crédit	edda qarḍ	ادّى قرض
gage (m)	ḍamān (m)	ضمان

79. Le téléphone. La conversation téléphonique

téléphone (m)	telefon (m)	تليفون
portable (m)	mobile (m)	موبايل
répondeur (m)	gehāz radd ʿalal mokalmāt (m)	جهاز ردّ على المكالمات
téléphoner, appeler	ettaṣal	إتّصل
appel (m)	mokalma telefoniya (f)	مكالمة تليفونية
composer le numéro	ettaṣal be raqam	إتّصل برقم
Allô!	alo!	ألو!
demander (~ l'heure)	saʾal	سأل
répondre (vi, vt)	radd	ردّ
entendre (bruit, etc.)	semeʿ	سمع
bien (adv)	kewayes	كويس
mal (adv)	meʃ kowayīs	مش كويّس
bruits (m pl)	taʃwīʃ (m)	تشويش
récepteur (m)	sammāʿa (f)	سمّاعة
décrocher (vt)	rafaʿ el sammāʿa	رفع السمّاعة
raccrocher (vi)	ʾafal el sammāʿa	قفل السمّاعة
occupé (adj)	maʃɣūl	مشغول
sonner (vi)	rann	رن
carnet (m) de téléphone	dalīl el telefone (m)	دليل التليفون
local (adj)	maḥalliyya	ة محلّيّة
appel (m) local	mokalma maḥalliya (f)	مكالمة محلّيّة
interurbain (adj)	biʿīd	بعيد
appel (m) interurbain	mokalma biʿīda (f)	مكالمة بعيدة المدى
international (adj)	dowly	دوّلي
appel (m) international	mokalma dowliya (f)	مكالمة دوليّة

80. Le téléphone portable

portable (m)	mobile (m)	موبايل
écran (m)	ʿarḍ (m)	عرض

bouton (m)	zerr (m)	زرّ
carte SIM (f)	sim kard (m)	سيم كارد
pile (f)	baṭṭariya (f)	بطّاريّة
être déchargé	χelṣet	خلصت
chargeur (m)	ʃāḥen (m)	شاحن
menu (m)	qā'ema (f)	قائمة
réglages (m pl)	awḍā' (pl)	أوضاع
mélodie (f)	naɣama (f)	نغمة
sélectionner (vt)	eχtār	إختار
calculatrice (f)	'āla ḥasba (f)	آلة حاسبة
répondeur (m)	barīd ṣawty (m)	بريد صوتي
réveil (m)	monabbeh (m)	منبّه
contacts (m pl)	gehāt el etteṣāl (pl)	جهات الإتّصال
SMS (m)	resāla 'aṣīra ɛsɛmɛs (f)	رسالة قصيرة sms
abonné (m)	moʃtarek (m)	مشترك

81. La papeterie

stylo (m) à bille	'alam gāf (m)	قلم جاف
stylo (m) à plume	'alam rīʃa (m)	قلم ريشة
crayon (m)	'alam roṣāṣ (m)	قلم رصاص
marqueur (m)	markar (m)	ماركر
feutre (m)	'alam fulumaster (m)	قلم فلوماستر
bloc-notes (m)	mozakkera (f)	مذكّرة
agenda (m)	gadwal el a'māl (m)	جدول الأعمال
règle (f)	masṭara (f)	مسطرة
calculatrice (f)	'āla ḥasba (f)	آلة حاسبة
gomme (f)	astīka (f)	استيكة
punaise (f)	dabbūs (m)	دبّوس
trombone (m)	dabbūs wara' (m)	دبّوس ورق
colle (f)	ṣamɣ (m)	صمغ
agrafeuse (f)	dabbāsa (f)	دبّاسة
perforateur (m)	χarrāma (m)	خرّامة
taille-crayon (m)	barrāya (f)	برّاية

82. Les types d'activités économiques

services (m pl) comptables	χedamāt moḥasba (pl)	خدمات محاسبة
publicité (f), pub (f)	e'lān (m)	إعلان
agence (f) publicitaire	wekālet e'lān (f)	وكالة إعلان
climatisation (m)	takyīf (m)	تكييف
compagnie (f) aérienne	ʃerket ṭayarān (f)	شركة طيران
boissons (f pl) alcoolisées	maʃrūbāt koḥūliya (pl)	مشروبات كحوليّة
antiquités (f pl)	toḥaf (pl)	تحف

galerie (f) d'art	ma'raḍ fanny (m)	معرض فنّي
services (m pl) d'audition	χedamāt faḥṣ el ḥesābāt (pl)	خدمات فحص الحسابات
banques (f pl)	el qeṭā' el maṣrefy (m)	القطاع المصرفي
bar (m)	bār (m)	بار
salon (m) de beauté	ṣalone tagmīl (m)	صالون تجميل
librairie (f)	maḥal kotob (m)	محل كتب
brasserie (f) (fabrique)	maṣna' bīra (m)	مصنع بيرة
centre (m) d'affaires	markaz tegāry (m)	مركز تجاري
école (f) de commerce	kolliyet edāret el a'māl (f)	كلّية إدارة الأعمال
casino (m)	kazino (m)	كازينو
bâtiment (m)	benā' (m)	بناء
conseil (m)	esteʃāra (f)	إستشارة
dentistes (pl)	'eyādet asnān (f)	عيادة أسنان
design (m)	taṣmīm (m)	تصميم
pharmacie (f)	ṣaydaliya (f)	صيدليّة
pressing (m)	dray klīn (m)	دراي كلين
agence (f) de recrutement	wekālet tawẓīf (f)	وكالة توّظيف
service (m) financier	χedamāt māliya (pl)	خدمات ماليّة
produits (m pl) alimentaires	akl (m)	أكل
maison (f) funéraire	maktab mota'ahhed el dafn (m)	مكتب متعهّد الدفن
meubles (m pl)	asās (m)	أثاث
vêtement (m)	malābes (pl)	ملابس
hôtel (m)	fondo' (m)	فندق
glace (f)	'ays krīm (m)	آيس كريم
industrie (f)	ṣenā'a (f)	صناعة
assurance (f)	ta'mīn (m)	تأمين
Internet (m)	internet (m)	إنترنت
investissements (m pl)	estesmarāt (pl)	إستثمارات
bijoutier (m)	ṣā'eɣ (m)	صائغ
bijouterie (f)	mogawharāt (pl)	مجوّهرات
blanchisserie (f)	maɣsala (f)	مغسلة
service (m) juridique	χedamāt qanūniya (pl)	خدمات قانونيّة
industrie (f) légère	ṣenā'a χafīfa (f)	صناعة خفيفة
revue (f)	magalla (f)	مجلّة
vente (f) par catalogue	bey' be neẓām el barīd (m)	بيع بنظام البريد
médecine (f)	ṭebb (m)	طبّ
cinéma (m)	sinema (f)	سينما
musée (m)	mat-ḥaf (m)	متحف
agence (f) d'information	wekāla eχbariya (f)	وكالة إخبارية
journal (m)	garīda (f)	جريدة
boîte (f) de nuit	malha leyly (m)	ملهى ليّلي
pétrole (m)	nafṭ (m)	نفط
coursiers (m pl)	χedamāt el ʃaḥn (pl)	خدمات الشحن
industrie (f) pharmaceutique	ṣaydala (f)	صيدلة
imprimerie (f)	ṭebā'a (f)	طباعة
maison (f) d'édition	dar el ṭebā'a wel naʃr (f)	دار الطباعة والنشر

radio (f)	radio (m)	راديو
immobilier (m)	ʿeqarāt (pl)	عقارات
restaurant (m)	maṭʿam (m)	مطعم
agence (f) de sécurité	ʃerket amn (f)	شركة أمن
sport (m)	reyāḍa (f)	رياضة
bourse (f)	borṣa (f)	بورصة
magasin (m)	maḥal (m)	محل
supermarché (m)	subermarket (m)	سوبرماركت
piscine (f)	ḥammām sebāḥa (m)	حمّام سباحة
atelier (m) de couture	maḥal χeyāṭa (m)	محل خياطة
télévision (f)	televizion (m)	تليفزيون
théâtre (m)	masraḥ (m)	مسرح
commerce (m)	tegāra (f)	تجارة
sociétés de transport	wasāʾel el naʾl (pl)	وسائل النقل
tourisme (m)	safar (m)	سفر
vétérinaire (m)	doktore beṭary (m)	دكتور بيطري
entrepôt (m)	mostawdaʿ (m)	مستودّع
récupération (f) des déchets	gamaʿ el nefayāt (m)	جمع النفايات

Le travail. Les affaires. Partie 2

83. Les foires et les salons

salon (m)	maʻraḍ (m)	معرض
salon (m) commercial	maʻraḍ tegāry (m)	معرض تجاري
participation (f)	eʃterāk (m)	إشتراك
participer à ...	ʃārek	شارك
participant (m)	moʃtarek (m)	مشترك
directeur (m)	modīr (m)	مدير
direction (f)	maktab el monaẓẓemīn (m)	مكتب المنظّمين
organisateur (m)	monazzem (m)	منظّم
organiser (vt)	nazzam	نظّم
demande (f) de participation	estemāret el eʃterak (f)	إستمارة الإشتراك
remplir (vt)	mala	ملأ
détails (m pl)	tafaṣīl (pl)	تفاصيل
information (f)	esteʻlamāt (pl)	إستعلامات
prix (m)	seʻr (m)	سعر
y compris	bema feyh	بما فيه
inclure (~ les taxes)	taḍamman	تضمّن
payer (régler)	dafaʻ	دفع
droits (m pl) d'inscription	rosūm el tasgīl (pl)	رسوم التسجيل
entrée (f)	madχal (m)	مدخل
pavillon (m)	genāḥ (m)	جناح
enregistrer (vt)	saggel	سجّل
badge (m)	ʃāra (f)	شارة
stand (m)	koʃk (m)	كشك
réserver (vt)	ḥagaz	حجز
vitrine (f)	vatrīna (f)	فترينة
lampe (f)	kasʃāf el nūr (m)	كشّاف النور
design (m)	taṣmīm (m)	تصميم
mettre (placer)	ḥaṭṭ	حطّ
distributeur (m)	mowazzeʻ (m)	موزّع
fournisseur (m)	mowarred (m)	مورد
pays (m)	balad (m)	بلد
étranger (adj)	agnaby	أجنبي
produit (m)	montag (m)	منتج
association (f)	gamʻiya (f)	جمعيّة
salle (f) de conférences	qāʻet el moʻtamarāt (f)	قاعة المؤتمرات
congrès (m)	moʼtamar (m)	مؤتمر

concours (m)	mosab'a (f)	مسابقة
visiteur (m)	zā'er (m)	زائر
visiter (vt)	ḥaḍar	حضر
client (m)	zobūn (m)	زبون

84. La recherche scientifique et les chercheurs

science (f)	ʿelm (m)	علم
scientifique (adj)	ʿelmy	علمي
savant (m)	ʿālem (m)	عالم
théorie (f)	naẓariya (f)	نظرية
axiome (m)	badīhiya (f)	بديهيّة
analyse (f)	taḥlīl (m)	تحليل
analyser (vt)	ḥallel	حلّل
argument (m)	borhān (m)	برهان
substance (f) (matière)	madda (f)	مادّة
hypothèse (f)	faraḍiya (f)	فرضيّة
dilemme (m)	moʿḍela (f)	معضلة
thèse (f)	resāla ʿelmiya (f)	رسالة علميّة
dogme (m)	ʿaqīda (f)	عقيدة
doctrine (f)	mazhab (m)	مذهب
recherche (f)	baḥs (m)	بحث
rechercher (vt)	baḥs	بحث
test (m)	eχtebārāt (pl)	إختبارات
laboratoire (m)	moχtabar (m)	مختبر
méthode (f)	manhag (m)	منهج
molécule (f)	gozaye' (m)	جزيء
monitoring (m)	reqāba (f)	رقابة
découverte (f)	ekteʃāf (m)	إكتشاف
postulat (m)	mosallama (f)	مسلّمة
principe (m)	mabda' (m)	مبدأ
prévision (f)	tanabbo' (m)	تنبّؤ
prévoir (vt)	tanabba'	تنبّأ
synthèse (f)	tarkīb (m)	تركيب
tendance (f)	ettegāh (m)	إتّجاه
théorème (m)	naẓariya (f)	نظريّة
enseignements (m pl)	taʿalīm (pl)	تعاليم
fait (m)	ḥaʾīʾa (f)	حقيقة
expédition (f)	beʿsa (f)	بعثة
expérience (f)	tagreba (f)	تجربة
académicien (m)	akadīmy (m)	أكاديمي
bachelier (m)	bakaleryūs (m)	بكالوريوس
docteur (m)	doktore (m)	دكتور
chargé (m) de cours	ostāz moʃārek (m)	أستاذ مشارك
magistère (m)	maʒestīr (m)	ماجستير
professeur (m)	brofessor (m)	بروفيسور

Les professions. Les métiers

85. La recherche d'emploi. Le licenciement

travail (m)	ʿamal (m)	عمل
employés (pl)	kawādir (pl)	كوادر
personnel (m)	ṭāqem el ʿāmelīn (m)	طاقم العاملين
carrière (f)	mehna (f)	مهنة
perspective (f)	ʾāfāq (pl)	آفاق
maîtrise (f)	maharāt (pl)	مهارات
sélection (f)	exteyār (m)	إختيار
agence (f) de recrutement	wekālet tawẓīf (f)	وكالة توظيف
C.V. (m)	sīra zātiya (f)	سيرة ذاتية
entretien (m)	moʾablet ʿamal (f)	مقابلة عمل
emploi (m) vacant	wazīfa xaleya (f)	وظيفة خالية
salaire (m)	morattab (m)	مرتب
salaire (m) fixe	rāteb sābet (m)	راتب ثابت
rémunération (f)	ogra (f)	أجرة
poste (m) (~ évolutif)	manṣeb (m)	منصب
fonction (f)	wāgeb (m)	واجب
liste (f) des fonctions	magmūʿa men el wāgebāt (f)	مجموعة من الواجبات
occupé (adj)	maʃɣūl	مشغول
licencier (vt)	rafad	رفد
licenciement (m)	eqāla (m)	إقالة
chômage (m)	baṭāla (f)	بطالة
chômeur (m)	ʿāṭel (m)	عاطل
retraite (f)	maʿāʃ (m)	معاش
prendre sa retraite	oḥīl ʿala el maʿāʃ	أحيل على المعاش

86. Les hommes d'affaires

directeur (m)	modīr (m)	مدير
gérant (m)	modīr (m)	مدير
patron (m)	raʾīs (m)	رئيس
supérieur (m)	motafawweq (m)	متفوّق
supérieurs (m pl)	roʾasāʾ (pl)	رؤساء
président (m)	raʾīs (m)	رئيس
président (m) (d'entreprise)	raʾīs (m)	رئيس
adjoint (m)	nāʾeb (m)	نائب
assistant (m)	mosāʿed (m)	مساعد

secrétaire (m, f)	sekerteyr (m)	سكرتير
secrétaire (m, f) personnel	sekerteyr χāṣ (m)	سكرتير خاص
homme (m) d'affaires	ragol a'māl (m)	رجل أعمال
entrepreneur (m)	rā'ed a'māl (m)	رائد أعمال
fondateur (m)	mo'asses (m)	مؤسّس
fonder (vt)	asses	أسّس
fondateur (m)	mo'asses (m)	مؤسّس
partenaire (m)	ʃerīk (m)	شريك
actionnaire (m)	mālek el as-hom (m)	مالك الأسهم
millionnaire (m)	millyonīr (m)	مليونير
milliardaire (m)	milliardīr (m)	ملياردير
propriétaire (m)	ṣāḥeb (m)	صاحب
propriétaire (m) foncier	ṣāḥeb el arḍ (m)	صاحب الأرض
client (m)	'amīl (m)	عميل
client (m) régulier	'amīl dā'em (m)	عميل دائم
acheteur (m)	moʃtary (m)	مشتري
visiteur (m)	zā'er (m)	زائر
professionnel (m)	moḥtaref (m)	محترف
expert (m)	χabīr (m)	خبير
spécialiste (m)	motaχaṣṣeṣ (m)	متخصّص
banquier (m)	ṣāḥeb maṣraf (m)	صاحب مصرف
courtier (m)	semsār (m)	سمسار
caissier (m)	'āmel kaʃier (m)	عامل كاشيير
comptable (m)	muḥāseb (m)	محاسب
agent (m) de sécurité	ḥāres amn (m)	حارس أمن
investisseur (m)	mostasmer (m)	مستثمر
débiteur (m)	modīn (m)	مدين
créancier (m)	dā'en (m)	دائن
emprunteur (m)	moqtareḍ (m)	مقترض
importateur (m)	mostawred (m)	مستوّرد
exportateur (m)	moṣadder (m)	مصدّر
producteur (m)	el ʃerka el moṣanne'a (f)	الشركة المصنّعة
distributeur (m)	mowazze' (m)	موزّع
intermédiaire (m)	wasīṭ (m)	وسيط
conseiller (m)	mostaʃār (m)	مستشار
représentant (m)	mandūb mabi'āt (m)	مندوب مبيعات
agent (m)	wakīl (m)	وكيل
agent (m) d'assurances	wakīl el ta'mīn (m)	وكيل التأمين

87. Les métiers des services

cuisinier (m)	ṭabbāχ (m)	طبّاخ
cuisinier (m) en chef	el ʃeyf (m)	الشيف

boulanger (m)	χabbāz (m)	خبّاز
barman (m)	bārman (m)	بارمان
serveur (m)	garsone (m)	جرسون
serveuse (f)	garsona (f)	جرسونة
avocat (m)	muḥāmy (m)	محامي
juriste (m)	muḥāmy χabīr qanūny (m)	محامي خبير قانوني
notaire (m)	mowassaq (m)	موثّق
électricien (m)	kahrabā'y (m)	كهربائي
plombier (m)	samkary (m)	سمكري
charpentier (m)	naggār (m)	نجّار
masseur (m)	modallek (m)	مدلّك
masseuse (f)	modalleka (f)	مدلّكة
médecin (m)	doktore (m)	دكتور
chauffeur (m) de taxi	sawwā' taksi (m)	سوّاق تاكسي
chauffeur (m)	sawwā' (m)	سوّاق
livreur (m)	rāgel el delivery (m)	راجل الديلفري
femme (f) de chambre	'āmela tandīf ɣoraf (f)	عاملة تنظيف غرف
agent (m) de sécurité	ḥāres amn (m)	حارس أمن
hôtesse (f) de l'air	moḍīfet ṭayarān (f)	مضيفة طيران
professeur (m)	modarres madrasa (m)	مدرّس مدرسة
bibliothécaire (m)	amīn maktaba (m)	أمين مكتبة
traducteur (m)	motargem (m)	مترجم
interprète (m)	motargem fawwry (m)	مترجم فوّري
guide (m)	morʃed (m)	مرشد
coiffeur (m)	ḥallā' (m)	حلّاق
facteur (m)	sā'y el barīd (m)	ساعي البريد
vendeur (m)	bayā' (m)	بيّاع
jardinier (m)	bostāny (m)	بستاني
serviteur (m)	χādema (m)	خادمة
servante (f)	χadema (f)	خادمة
femme (f) de ménage	'āmela tandīf (f)	عاملة تنظيف

88. Les professions militaires et leurs grades

soldat (m) (grade)	gondy (m)	جنّدي
sergent (m)	raqīb tāny (m)	رقيب تاني
lieutenant (m)	molāzem tāny (m)	ملازم تاني
capitaine (m)	naqīb (m)	نقيب
commandant (m)	rā'ed (m)	رائد
colonel (m)	'aqīd (m)	عقيد
général (m)	ʒenerāl (m)	جنرال
maréchal (m)	marʃāl (m)	مارشال
amiral (m)	amerāl (m)	أميرال
militaire (m)	'askary (m)	عسكري
soldat (m)	gondy (m)	جنّدي

officier (m)	ḍābeṭ (m)	ضابط
commandant (m)	qā'ed (m)	قائد
garde-frontière (m)	ḥaras ḥodūd (m)	حرس حدود
opérateur (m) radio	'āmel lāselky (m)	عامل لاسلكي
éclaireur (m)	rā'ed mostakʃef (m)	رائد مستكشف
démineur (m)	mohandes 'askary (m)	مهندس عسكري
tireur (m)	rāmy (m)	رامي
navigateur (m)	mallāḥ (m)	ملّاح

89. Les fonctionnaires. Les prêtres

roi (m)	malek (m)	ملك
reine (f)	maleka (f)	ملكة
prince (m)	amīr (m)	أمير
princesse (f)	amīra (f)	أميرة
tsar (m)	qayṣar (m)	قيصر
tsarine (f)	qayṣara (f)	قيصرة
président (m)	ra'īs (m)	رئيس
ministre (m)	wazīr (m)	وزير
premier ministre (m)	ra'īs wozarā' (m)	رئيس وزراء
sénateur (m)	'oḍw magles el ʃoyūχ (m)	عضو مجلس الشيوخ
diplomate (m)	deblomāsy (m)	دبلوماسي
consul (m)	qonṣol (m)	قنصل
ambassadeur (m)	safīr (m)	سفير
conseiller (m)	mostaʃār (m)	مستشار
fonctionnaire (m)	mowazzaf (m)	موظّف
préfet (m)	ra'īs edāret el ḥayī (m)	رئيس إدارة الحي
maire (m)	ra'īs el baladiya (m)	رئيس البلديّة
juge (m)	qāḍy (m)	قاضي
procureur (m)	el na'eb el 'ām (m)	النائب العام
missionnaire (m)	mobasʃer (m)	مبشّر
moine (m)	rāheb (m)	راهب
abbé (m)	ra'īs el deyr (m)	رئيس الدير
rabbin (m)	ḥaχām (m)	حاخام
vizir (m)	wazīr (m)	وزير
shah (m)	ʃāh (m)	شاه
cheik (m)	ʃɛyχ (m)	شيخ

90. Les professions agricoles

apiculteur (m)	naḥḥāl (m)	نحّال
berger (m)	rā'y (m)	راعي
agronome (m)	mohandes zerā'y (m)	مهندس زراعي

éleveur (m)	morabby el mawāʃy (m)	مربّي المواشي
vétérinaire (m)	doktore beṭary (m)	دكتور بيطري
fermier (m)	mozāreʿ (m)	مزارع
vinificateur (m)	ṣāneʿ el χamr (m)	صانع الخمر
zoologiste (m)	χabīr fe ʿelm el ḥayawān (m)	خبير في علم الحيوان
cow-boy (m)	rāʿy el baʾar (m)	راعي البقر

91. Les professions artistiques

acteur (m)	momassel (m)	ممثّل
actrice (f)	momassela (f)	ممثّلة
chanteur (m)	moṭreb (m)	مطرب
cantatrice (f)	moṭreba (f)	مطربة
danseur (m)	rāqeṣ (m)	راقص
danseuse (f)	raʾāṣa (f)	راقصة
artiste (m)	fannān (m)	فنّان
artiste (f)	fannāna (f)	فنّانة
musicien (m)	ʿāzef (m)	عازف
pianiste (m)	ʿāzef biano (m)	عازف بيانو
guitariste (m)	ʿāzef guitar (m)	عازف جيتار
chef (m) d'orchestre	qāʾed orkestra (m)	قائد أوركسترا
compositeur (m)	molaḥḥen (m)	ملحّن
imprésario (m)	modīr ferʾa (m)	مدير فرقة
metteur (m) en scène	moχreg aflām (m)	مخرج أفلام
producteur (m)	monteg (m)	منتج
scénariste (m)	kāteb senario (m)	كاتب سيناريو
critique (m)	nāqed (m)	ناقد
écrivain (m)	kāteb (m)	كاتب
poète (m)	ʃāʿer (m)	شاعر
sculpteur (m)	naḥḥāt (m)	نحّات
peintre (m)	rassām (m)	رسّام
jongleur (m)	bahlawān (m)	بهلوان
clown (m)	aragoze (m)	أراجوز
acrobate (m)	bahlawān (m)	بهلوان
magicien (m)	sāḥer (m)	ساحر

92. Les différents métiers

médecin (m)	doktore (m)	دكتور
infirmière (f)	momarreḍa (f)	ممرّضة
psychiatre (m)	doktore nafsāny (m)	دكتور نفساني
stomatologue (m)	doktore asnān (m)	دكتور أسنان
chirurgien (m)	garrāḥ (m)	جرّاح

astronaute (m)	rā'ed faḍā' (m)	رائد فضاء
astronome (m)	'ālem falak (m)	عالم فلك
pilote (m)	ṭayār (m)	طيّار
chauffeur (m)	sawwā' (m)	سوّاق
conducteur (m) de train	sawwā' (m)	سوّاق
mécanicien (m)	mikanīky (m)	ميكانيكي
mineur (m)	'āmel mangam (m)	عامل منجم
ouvrier (m)	'āmel (m)	عامل
serrurier (m)	'affāl (m)	قفّال
menuisier (m)	naggār (m)	نجّار
tourneur (m)	χarrāṭ (m)	خرّاط
ouvrier (m) du bâtiment	'āmel benā' (m)	عامل بناء
soudeur (m)	laḥḥām (m)	لحّام
professeur (m) (titre)	brofessor (m)	بروفيسور
architecte (m)	mohandes me'māry (m)	مهندس معماري
historien (m)	mo'arreχ (m)	مؤرّخ
savant (m)	'ālem (m)	عالم
physicien (m)	fizyā'y (m)	فيزيائي
chimiste (m)	kemyā'y (m)	كيميائي
archéologue (m)	'ālem'āsār (m)	عالم آثار
géologue (m)	ʒeoloʒy (m)	جيولوجي
chercheur (m)	bāḥes (m)	باحث
baby-sitter (m, f)	dāda (f)	دادة
pédagogue (m, f)	mo'allem (m)	معلّم
rédacteur (m)	moḥarrer (m)	محرّر
rédacteur (m) en chef	ra'īs taḥrīr (m)	رئيس تحرير
correspondant (m)	morāsel (m)	مراسل
dactylographe (f)	kāteba 'ala el 'āla el kāteba (f)	كاتبة على الآلة الكاتبة
designer (m)	moṣammem (m)	مصمّم
informaticien (m)	motaχaṣṣeṣ bel kombuter (m)	متخصّص بالكمبيوتر
programmeur (m)	mobarmeg (m)	مبرمج
ingénieur (m)	mohandes (m)	مهندس
marin (m)	baḥḥār (m)	بحّار
matelot (m)	baḥḥār (m)	بحّار
secouriste (m)	monqez (m)	منقذ
pompier (m)	rāgel el maṭāfy (m)	راجل المطافئ
policier (m)	ʃorṭy (m)	شرطي
veilleur (m) de nuit	ḥāres (m)	حارس
détective (m)	moḥaqqeq (m)	محقّق
douanier (m)	mowazzaf el gamārek (m)	موظّف الجمارك
garde (m) du corps	ḥāres ʃaχṣy (m)	حارس شخصي
gardien (m) de prison	ḥāres segn (m)	حارس سجن
inspecteur (m)	mofatteʃ (m)	مفتّش
sportif (m)	reyāḍy (m)	رياضي
entraîneur (m)	modarreb (m)	مدرّب

boucher (m)	gazzār (m)	جزّار
cordonnier (m)	eskāfy (m)	إسكافي
commerçant (m)	tāger (m)	تاجر
chargeur (m)	ʃayāl (m)	شيّال
couturier (m)	moṣammem azyā' (m)	مصمّم أزياء
modèle (f)	modeyl (f)	موديل

93. Les occupations. Le statut social

écolier (m)	talmīz (m)	تلميذ
étudiant (m)	ṭāleb (m)	طالب
philosophe (m)	faylasūf (m)	فيلسوف
économiste (m)	eqtiṣādy (m)	إقتصادي
inventeur (m)	moχtare' (m)	مخترع
chômeur (m)	'āṭel (m)	عاطل
retraité (m)	motaqā'ed (m)	متقاعد
espion (m)	gasūs (m)	جاسوس
prisonnier (m)	sagīn (m)	سجين
gréviste (m)	moḍrab (m)	مضرب
bureaucrate (m)	buroqrāṭy (m)	بيوروقراطي
voyageur (m)	raḥḥāla (m)	رحّالة
homosexuel (m)	ʃāz (m)	شاذ
hacker (m)	haker (m)	هاكر
hippie (m, f)	hippi (m)	هيبي
bandit (m)	qāṭe' ṭarī' (m)	قاطع طريق
tueur (m) à gages	qātel ma'gūr (m)	قاتل مأجور
drogué (m)	modmen moχaddarāt (m)	مدمن مخدّرات
trafiquant (m) de drogue	tāger moχaddarāt (m)	تاجر مخدّرات
prostituée (f)	mommos (f)	مومس
souteneur (m)	qawwād (m)	قوّاد
sorcier (m)	sāḥer (m)	ساحر
sorcière (f)	sāḥera (f)	ساحرة
pirate (m)	'orṣān (m)	قرصان
esclave (m)	'abd (m)	عبد
samouraï (m)	samuray (m)	ساموراي
sauvage (m)	motawaḥḥeʃ (m)	متوحّش

L'êducation

94. L'êducation

école (f)	madrasa (f)	مدرسة
directeur (m) d'école	modīr el madrasa (m)	مدير المدرسة
élève (m)	talmīz (m)	تلميذ
élève (f)	telmīza (f)	تلميذة
écolier (m)	talmīz (m)	تلميذ
écolière (f)	telmīza (f)	تلميذة
enseigner (vt)	ʻallem	علّم
apprendre (~ l'arabe)	taʻallam	تعلّم
apprendre par cœur	ḥafaẓ	حفظ
apprendre (à faire qch)	taʻallam	تعلّم
être étudiant, -e	daras	درس
aller à l'école	rāḥ el madrasa	راح المدرسة
alphabet (m)	abgadiya (f)	أبجدية
matière (f)	madda (f)	مادّة
salle (f) de classe	faṣl (m)	فصل
leçon (f)	dars (m)	درس
récréation (f)	estrāḥa (f)	إستراحة
sonnerie (f)	garas el madrasa (m)	جرس المدرسة
pupitre (m)	disk el madrasa (m)	ديسك المدرسة
tableau (m) noir	sabbūra (f)	سبّورة
note (f)	daraga (f)	درجة
bonne note (f)	daraga kewayesa (f)	درجة كويسة
mauvaise note (f)	daraga meʃ kewayesa (f)	درجة مش كويسة
donner une note	edda daraga	إدّى درجة
faute (f)	χaṭa' (m)	خطأ
faire des fautes	aχṭa'	أخطأ
corriger (une erreur)	ṣaḥḥaḥ	صحّح
antisèche (f)	berʃām (m)	برشام
devoir (m)	wāgeb (m)	واجب
exercice (m)	tamrīn (m)	تمرين
être présent	ḥaḍar	حضر
être absent	ɣāb	غاب
manquer l'école	taɣeyyab ʻan el madrasa	تغيّب عن المدرسة
punir (vt)	ʻāqab	عاقب
punition (f)	ʻeqāb (m)	عقاب
conduite (f)	solūk (m)	سلوك

carnet (m) de notes	el taqrīr el madrasy (m)	التقرير المدرسي
crayon (m)	'alam roṣāṣ (m)	قلم رصاص
gomme (f)	astīka (f)	استيكة
craie (f)	ṭabaʃīr (m)	طباشير
plumier (m)	ma'lama (f)	مقلمة
cartable (m)	ʃanṭet el madrasa (f)	شنطة المدرسة
stylo (m)	'alam (m)	قلم
cahier (m)	daftar (m)	دفتر
manuel (m)	ketāb ta'līm (m)	كتاب تعليم
compas (m)	bargal (m)	برجل
dessiner (~ un plan)	rasam rasm teqany	رسم رسم تقني
dessin (m) technique	rasm teqany (m)	رسم تقني
poésie (f)	'aṣīda (f)	قصيدة
par cœur (adv)	'an ẓahr qalb	عن ظهر قلب
apprendre par cœur	ḥafaẓ	حفظ
vacances (f pl)	agāza (f)	أجازة
être en vacances	'ando agāza	عنده أجازة
passer les vacances	'aḍa el agāza	قضى الأجازة
interrogation (f) écrite	emteḥān (m)	إمتحان
composition (f)	enʃā' (m)	إنشاء
dictée (f)	emlā' (m)	إملاء
examen (m)	emteḥān (m)	إمتحان
passer les examens	'amal emteḥān	عمل إمتحان
expérience (f) (~ de chimie)	tagreba (f)	تجربة

95. L'enseignement supêrieur

académie (f)	akademiya (f)	أكاديميّة
université (f)	gam'a (f)	جامعة
faculté (f)	kolliya (f)	كلّيّة
étudiant (m)	ṭāleb (m)	طالب
étudiante (f)	ṭāleba (f)	طالبة
enseignant (m)	muḥāḍer (m)	محاضر
salle (f)	modarrag (m)	مدرّج
licencié (m)	motaχarreg (m)	متخرّج
diplôme (m)	dibloma (f)	دبلومة
thèse (f)	resāla 'elmiya (f)	رسالة علميّة
étude (f)	derāsa (f)	دراسة
laboratoire (m)	moχtabar (m)	مختبر
cours (m)	moḥaḍra (f)	محاضرة
camarade (m) de cours	zamīl fel ṣaff (m)	زميل في الصفّ
bourse (f)	menḥa derāsiya (f)	منحة دراسيّة
grade (m) universitaire	daraga 'elmiya (f)	درجة علميّة

96. Les disciplines scientifiques

mathématiques (f pl)	reyāḍīāt (pl)	رياضيّات
algèbre (f)	el gabr (m)	الجبر
géométrie (f)	handasa (f)	هندسة
astronomie (f)	'elm el falak (m)	علم الفلك
biologie (f)	al aḥya' (m)	الأحياء
géographie (f)	goɣrafia (f)	جغرافيا
géologie (f)	ʒeoloʒia (f)	جيولوجيا
histoire (f)	tarīχ (m)	تاريخ
médecine (f)	ṭebb (m)	طبّ
pédagogie (f)	tarbeya (f)	تربية
droit (m)	qanūn (m)	قانون
physique (f)	fezya' (f)	فيزياء
chimie (f)	kemya' (f)	كيمياء
philosophie (f)	falsafa (f)	فلسفة
psychologie (f)	'elm el nafs (m)	علم النفس

97. Le systéme d'êcriture et l'orthographe

grammaire (f)	el naḥw wel ṣarf (m)	النحو والصرف
vocabulaire (m)	mofradāt el loɣa (pl)	مفردات اللغة
phonétique (f)	ṣawtīāt (pl)	صوتيات
nom (m)	esm (m)	اسم
adjectif (m)	ṣefa (f)	صفة
verbe (m)	fe'l (m)	فعل
adverbe (m)	ẓarf (m)	ظرف
pronom (m)	ḍamīr (m)	ضمير
interjection (f)	oslūb el ta'aggob (m)	أسلوب التعجّب
préposition (f)	ḥarf el garr (m)	حرف الجرّ
racine (f)	gezr el kelma (m)	جذر الكلمة
terminaison (f)	nehāya (f)	نهاية
préfixe (m)	sabaeqa (f)	سابقة
syllabe (f)	maqṭa' lafzy (m)	مقطع لفظي
suffixe (m)	lāḥeqa (f)	لاحقة
accent (m) tonique	nabra (f)	نبرة
apostrophe (f)	'alāmet ḥazf (f)	علامة حذف
point (m)	no'ṭa (f)	نقطة
virgule (f)	faṣla (f)	فاصلة
point (m) virgule	no'ṭa w faṣla (f)	نقطة وفاصلة
deux-points (m)	no'ṭeteyn (pl)	نقطتين
points (m pl) de suspension	talat no'aṭ (pl)	ثلاث نقط
point (m) d'interrogation	'alāmet estefhām (f)	علامة إستفهام
point (m) d'exclamation	'alāmet ta'aggob (f)	علامة تعجّب

guillemets (m pl)	ʻalamāt el eqtebās (pl)	علامات الإقتباس
entre guillemets	beyn ʻalamaty el eqtebās	بين علامتي الاقتباس
parenthèses (f pl)	qoseyn (du)	قوسين
entre parenthèses	beyn el qoseyn	بين القوسين
trait (m) d'union	ʻalāmet waṣl (f)	علامة وصل
tiret (m)	ʃorṭa (f)	شرطة
blanc (m)	farāɣ (m)	فراغ
lettre (f)	ḥarf (m)	حرف
majuscule (f)	ḥarf kebīr (m)	حرف كبير
voyelle (f)	ḥarf ṣauty (m)	حرف صوتي
consonne (f)	ḥarf sāken (m)	حرف ساكن
proposition (f)	gomla (f)	جملة
sujet (m)	fāʻel (m)	فاعل
prédicat (m)	mosnad (m)	مسند
ligne (f)	saṭr (m)	سطر
à la ligne	men bedāyet el saṭr	من بداية السطر
paragraphe (m)	faqra (f)	فقرة
mot (m)	kelma (f)	كلمة
groupe (m) de mots	magmūʻa men el kelamāt (pl)	مجموعة من الكلمات
expression (f)	moṣṭalaḥ (m)	مصطلح
synonyme (m)	morādef (m)	مرادف
antonyme (m)	motaḍād loɣawy (m)	متضاد لغوي
règle (f)	qaʻeda (f)	قاعدة
exception (f)	estesnāʼ (m)	إستثناء
correct (adj)	ṣaḥīḥ	صحيح
conjugaison (f)	ṣarf (m)	صرف
déclinaison (f)	taṣrīf el asmāʼ (m)	تصريف الأسماء
cas (m)	ḥāla esmiya (f)	حالة أسمية
question (f)	soʼāl (m)	سؤال
souligner (vt)	ḥaṭṭ χaṭṭ taḥt	حطّ خطّ تحت
pointillé (m)	χaṭṭ menaʼʼaṭ (m)	خطّ منقّط

98. Les langues êtrangéres

langue (f)	loɣa (f)	لغة
étranger (adj)	agnaby	أجنبيّ
langue (f) étrangère	loɣa agnabiya (f)	لغة أجنبية
étudier (vt)	daras	درس
apprendre (~ l'arabe)	taʻallam	تعلّم
lire (vi, vt)	ʼara	قرأ
parler (vi, vt)	kallem	كلّم
comprendre (vt)	fehem	فهم
écrire (vt)	katab	كتب
vite (adv)	bosorʻa	بسرعة
lentement (adv)	bo boṭʼ	ببطء

couramment (adv)	beṭalāqa	بطلاقة
règles (f pl)	qawā'ed (pl)	قواعد
grammaire (f)	el naḥw wel ṣarf (m)	النحو والصرف
vocabulaire (m)	mofradāt el loɣa (pl)	مفردات اللغة
phonétique (f)	ṣawtīāt (pl)	صوتيات
manuel (m)	ketāb ta'līm (m)	كتاب تعليم
dictionnaire (m)	qamūs (m)	قاموس
manuel (m) autodidacte	ketāb ta'līm zāty (m)	كتاب تعليم ذاتي
guide (m) de conversation	ketāb lel 'ebarāt el ʃā'e'a (m)	كتاب للعبارت الشائعة
cassette (f)	kasett (m)	كاسيت
cassette (f) vidéo	ʃerīṭ video (m)	شريط فيديو
CD (m)	sidī (m)	سي دي
DVD (m)	dividī (m)	دي في دي
alphabet (m)	abgadiya (f)	أبجدية
épeler (vt)	tahagga	تهجّى
prononciation (f)	noṭ' (m)	نطق
accent (m)	lahga (f)	لهجة
avec un accent	be lahga	بـ لهجة
sans accent	men ɣeyr lahga	من غير لهجة
mot (m)	kelma (f)	كلمة
sens (m)	ma'na (m)	معنى
cours (m pl)	dawra (f)	دورة
s'inscrire (vp)	saggel esmo	سجّل إسمه
professeur (m) (~ d'anglais)	modarres (m)	مدرّس
traduction (f) (action)	targama (f)	ترجمة
traduction (f) (texte)	targama (f)	ترجمة
traducteur (m)	motargem (m)	مترجم
interprète (m)	motargem fawwry (m)	مترجم فوّري
polyglotte (m)	'alīm be'eddet loɣāt (m)	عليم بعدّة لغات
mémoire (f)	zākera (f)	ذاكرة

Les loisirs. Les voyages

99. Les voyages. Les excursions

tourisme (m)	seyāḥa (f)	سياحة
touriste (m)	sā'eḥ (m)	سائح
voyage (m) (à l'étranger)	reḥla (f)	رحلة
aventure (f)	moɣamra (f)	مغامرة
voyage (m)	reḥla (f)	رحلة
vacances (f pl)	agāza (f)	أجازة
être en vacances	kān fi agāza	كان في أجازة
repos (m) (jours de ~)	estrāḥa (f)	إستراحة
train (m)	qeṭār, 'aṭṭr (m)	قطار
en train	bel qeṭār - bel aṭṭr	بالقطار
avion (m)	ṭayāra (f)	طيّارة
en avion	bel ṭayāra	بالطيّارة
en voiture	bel sayāra	بالسيّارة
en bateau	bel safīna	بالسفينة
bagage (m)	el ʃonaṭ (pl)	الشنط
malle (f)	ʃanṭa (f)	شنطة
chariot (m)	'arabet ʃonaṭ (f)	عربة شنط
passeport (m)	basbore (m)	باسبور
visa (m)	ta'ʃira (f)	تأشيرة
ticket (m)	tazkara (f)	تذكرة
billet (m) d'avion	tazkara ṭayarān (f)	تذكرة طيران
guide (m) (livre)	dalīl (m)	دليل
carte (f)	χarīṭa (f)	خريطة
région (f) (~ rurale)	mante'a (f)	منطقة
endroit (m)	makān (m)	مكان
exotisme (m)	ɣarāba (f)	غرابة
exotique (adj)	ɣarīb	غريب
étonnant (adj)	mod-heʃ	مدهش
groupe (m)	magmū'a (f)	مجموعة
excursion (f)	gawla (f)	جولة
guide (m) (personne)	morʃed (m)	مرشد

100. L'hôtel

hôtel (m)	fondo' (m)	فندق
motel (m)	motel (m)	موتيل
3 étoiles	talat nogūm	ثلاث نجوم

5 étoiles	χamas nogūm	خمس نجوم
descendre (à l'hôtel)	nezel	نزل
chambre (f)	oḍa (f)	أوضة
chambre (f) simple	owḍa le ʃaχṣ wāḥed (f)	أوضة لشخص واحد
chambre (f) double	oḍa le ʃaχṣeyn (f)	أوضة لشخصين
réserver une chambre	ḥagaz owḍa	حجز أوضة
demi-pension (f)	wagbeteyn fel yome (du)	وجبتين في اليوم
pension (f) complète	talat wagabāt fel yome	ثلاث وجبات في اليوم
avec une salle de bain	bel banyo	بـ البانيو
avec une douche	bel doʃ	بالدوش
télévision (f) par satellite	televizion be qanawāt faḍā'iya (m)	تليفزيون بقنوات فضائية
climatiseur (m)	takyīf (m)	تكييف
serviette (f)	fūṭa (f)	فوطة
clé (f)	meftāḥ (m)	مفتاح
administrateur (m)	modīr (m)	مدير
femme (f) de chambre	ʿāmela tandīf ɣoraf (f)	عاملة تنظيف غرف
porteur (m)	ʃayāl (m)	شيّال
portier (m)	bawwāb (m)	بوّاب
restaurant (m)	maṭʿam (m)	مطعم
bar (m)	bār (m)	بار
petit déjeuner (m)	foṭūr (m)	فطور
dîner (m)	ʿaʃā' (m)	عشاء
buffet (m)	bofeyh (m)	بوفيه
hall (m)	rad-ha (f)	ردهة
ascenseur (m)	asanseyr (m)	اسانسير
PRIÈRE DE NE PAS DÉRANGER	nargu ʿadam el ezʿāg	نرجو عدم الإزعاج
DÉFENSE DE FUMER	mamnūʿ el tadχīn	ممنوع التدخين

LE MATÉRIEL TECHNIQUE. LES TRANSPORTS

Le matériel technique

101. L'informatique

ordinateur (m)	kombuter (m)	كمبيوتر
PC (m) portable	lab tob (m)	لابتوب
allumer (vt)	fataḥ, ʃagɣal	فتح, شغّل
éteindre (vt)	ṭaffa	طفّى
clavier (m)	lawḥet el mafatīḥ (f)	لوحة المفاتيح
touche (f)	meftāḥ (m)	مفتاح
souris (f)	maws (m)	ماوس
tapis (m) de souris	maws bād (m)	ماوس باد
bouton (m)	zerr (m)	زرّ
curseur (m)	mo'asʃer (m)	مؤشّر
moniteur (m)	ʃāʃa (f)	شاشة
écran (m)	ʃāʃa (f)	شاشة
disque (m) dur	hard disk (m)	هارد ديسك
capacité (f) du disque dur	se'et el hard disk (f)	سعة الهارد ديسك
mémoire (f)	zākera (f)	ذاكرة
mémoire (f) vive	zākerat el woṣūl el 'aʃwā'y (f)	ذاكرة الوصول العشوائي
fichier (m)	malaff (m)	ملفّ
dossier (m)	ḥāfeza (m)	حافظة
ouvrir (vt)	fataḥ	فتح
fermer (vt)	'afal	قفل
sauvegarder (vt)	ḥafaẓ	حفظ
supprimer (vt)	masaḥ	مسح
copier (vt)	nasaχ	نسخ
trier (vt)	ṣannaf	صنّف
copier (vt)	na'al	نقل
programme (m)	barnāmeg (m)	برنامج
logiciel (m)	barmagīāt (pl)	برمجيّات
programmeur (m)	mobarmeg (m)	مبرمج
programmer (vt)	barmag	برمج
hacker (m)	haker (m)	هاكر
mot (m) de passe	kelmet el serr (f)	كلمة السرّ
virus (m)	virūs (m)	فيروس
découvrir (détecter)	la'a	لقى
bit (m)	byte (m)	بايت

mégabit (m)	megabayt (m)	ميجا بايت
données (f pl)	bayanāt (pl)	بيانات
base (f) de données	qa'edet bayanāt (f)	قاعدة بيانات
câble (m)	kabl (m)	كابل
déconnecter (vt)	faṣal	فصل
connecter (vt)	waṣṣal	وصّل

102. L'Internet. Le courrier électronique

Internet (m)	internet (m)	إنترنت
navigateur (m)	motaṣaffeḥ (m)	متصفّح
moteur (m) de recherche	moḥarrek baḥs (m)	محرك بحث
fournisseur (m) d'accès	ʃerket el internet (f)	شركة الإنترنت
administrateur (m) de site	modīr el mawqe' (m)	مدير الموقع
site (m) web	mawqe' elektrony (m)	موقع الكتروني
page (f) web	ṣafḥet web (f)	صفحة ويب
adresse (f)	'enwān (m)	عنوان
carnet (m) d'adresses	daftar el 'anawīn (m)	دفتر العناوين
boîte (f) de réception	ṣandū' el barīd (m)	صندوق البريد
courrier (m)	barīd (m)	بريد
pleine (adj)	mumtali'	ممتلىء
message (m)	resāla (f)	رسالة
messages (pl) entrants	rasa'el wārda (pl)	رسائل واردة
messages (pl) sortants	rasa'el ṣādra (pl)	رسائل صادرة
expéditeur (m)	morsel (m)	مرسل
envoyer (vt)	arsal	أرسل
envoi (m)	ersāl (m)	إرسال
destinataire (m)	morsel elayh (m)	مرسل إليه
recevoir (vt)	estalam	إستلم
correspondance (f)	morasla (f)	مراسلة
être en correspondance	tarāsal	تراسل
fichier (m)	malaff (m)	ملفّ
télécharger (vt)	ḥammel	حمّل
créer (vt)	'amal	عمل
supprimer (vt)	masaḥ	مسح
supprimé (adj)	mamsūḥ	ممسوح
connexion (f) (ADSL, etc.)	etteṣāl (m)	إتّصال
vitesse (f)	sor'a (f)	سرعة
modem (m)	modem (m)	مودم
accès (m)	woṣūl (m)	وصول
port (m)	maχrag (m)	مخرج
connexion (f) (établir la ~)	etteṣāl (m)	إتّصال
se connecter à ...	yuwṣel	يوصل
sélectionner (vt)	eχtār	إختار
rechercher (vt)	baḥs	بحث

103. L'électricité

électricité (f)	kahraba' (m)	كهرباء
électrique (adj)	kahrabā'y	كهربائي
centrale (f) électrique	maḥaṭṭa kahraba'iya (f)	محطة كهربائيّة
énergie (f)	ṭāqa (f)	طاقة
énergie (f) électrique	ṭāqa kahraba'iya (f)	طاقة كهربائيّة
ampoule (f)	lammba (f)	لمّبة
torche (f)	kasʃāf el nūr (m)	كشّاف النور
réverbère (m)	'amūd el nūr (m)	عمود النور
lumière (f)	nūr (m)	نور
allumer (vt)	fataḥ, ʃagɣal	فتح, شغّل
éteindre (vt)	ṭaffa	طفّى
éteindre la lumière	ṭaffa el nūr	طفّى النور
être grillé	eṭṭafa	إتّطفى
court-circuit (m)	dayra kahraba'iya 'aṣīra (f)	دائرة كهربائية قصيرة
rupture (f)	selk ma'ṭū' (m)	سلك مقطوع
contact (m)	talāmos (m)	تلامس
interrupteur (m)	meftāḥ el nūr (m)	مفتاح النور
prise (f)	bareza el kaharaba' (f)	بريزة الكهرباء
fiche (f)	fīʃet el kahraba' (f)	فيشة الكهرباء
rallonge (f)	selk tawṣīl (m)	سلك توصيل
fusible (m)	fetīl (m)	فتيل
fil (m)	selk (m)	سلك
installation (f) électrique	aslāk (pl)	أسلاك
ampère (m)	ambere (m)	أمبير
intensité (f) du courant	ʃeddet el tayār (f)	شدّة التيّار
volt (m)	volt (m)	فولت
tension (f)	el gohd el kaharab'y (m)	الجهد الكهربائي
appareil (m) électrique	gehāz kahrabā'y (m)	جهاز كهربائي
indicateur (m)	mo'asʃer (m)	مؤشّر
électricien (m)	kahrabā'y (m)	كهربائي
souder (vt)	laḥam	لحم
fer (m) à souder	adat laḥm (f)	إداة لحم
courant (m)	tayār kahrabā'y (m)	تيّاركهربائي

104. Les outils

outil (m)	adah (f)	أداة
outils (m pl)	adawāt (pl)	أدوات
équipement (m)	mo'eddāt (pl)	معدّات
marteau (m)	ʃakūʃ (m)	شاكوش
tournevis (m)	mefakk (m)	مفكّ
hache (f)	fa's (m)	فأس

scie (f)	monʃār (m)	منشار
scier (vt)	naʃar	نشر
rabot (m)	mesḥāg (m)	مسحاج
raboter (vt)	saḥag	سحج
fer (m) à souder	adat laḥm (f)	إداة لحم
souder (vt)	laḥam	لحم
lime (f)	mabrad (m)	مبرد
tenailles (f pl)	kamʃa (f)	كمشة
pince (f) plate	zardiya (f)	زرديّة
ciseau (m)	ezmīl (m)	إزميل
foret (m)	mesqāb (m)	مثقاب
perceuse (f)	drill kahrabā'y (m)	دريل كهربائي
percer (vt)	ḥafar	حفر
couteau (m)	sekkīna (f)	سكّينة
canif (m)	sekkīnet gīb (m)	سكّينة جيب
lame (f)	ʃafra (f)	شفرة
bien affilé (adj)	ḥād	حاد
émoussé (adj)	telma	تلمة
s'émousser (vp)	kānet telma	كانت تلمة
affiler (vt)	sann	سنّ
boulon (m)	mesmār 'alawoze (m)	مسمار قلاووظ
écrou (m)	ṣamūla (f)	صامولة
filetage (m)	χaʃχana (f)	خشخنة
vis (f) à bois	'alawūz (m)	قلاووظ
clou (m)	mesmār (m)	مسمار
tête (f) de clou	rās el mesmār (m)	رأس المسمار
règle (f)	masṭara (f)	مسطرة
mètre (m) à ruban	ʃerī'ṭ el 'eyās (m)	شريط القياس
niveau (m) à bulle	mizān el maya (m)	ميزان الميّة
loupe (f)	'adasa mokabbera (f)	عدسة مكبّرة
appareil (m) de mesure	gehāz 'eyās (m)	جهاز قياس
mesurer (vt)	'ās	قاس
échelle (f) (~ métrique)	me'yās (m)	مقياس
relevé (m)	qerā'a (f)	قراءة
compresseur (m)	kombressor (m)	كومبرسور
microscope (m)	mikroskob (m)	ميكروسكوب
pompe (f)	ṭolommba (f)	طلمّبة
robot (m)	robot (m)	روبوت
laser (m)	laser (m)	ليزر
clé (f) de serrage	meftāḥ rabṭ (m)	مفتاح ربط
ruban (m) adhésif	laz' (m)	لزق
colle (f)	ṣamɣ (m)	صمغ
papier (m) d'émeri	wara' ṣanfara (m)	ورق صنفرة
ressort (m)	sosta (f)	سوستة

aimant (m)	meɣnaṭīs (m)	مغنطيس
gants (m pl)	gwanty (m)	جوانتي
corde (f)	ḥabl (m)	حبل
cordon (m)	selk (m)	سلك
fil (m) (~ électrique)	selk (m)	سلك
câble (m)	kabl (m)	كابل
masse (f)	marzaba (f)	مرزبة
pic (m)	ʿatala (f)	عتلة
escabeau (m)	sellem (m)	سلّم
échelle (f) double	sellem naʾāl (m)	سلّم نقال
visser (vt)	aḥkam el ʃadd	أحكم الشدّ
dévisser (vt)	fataḥ	فتح
serrer (vt)	kamaʃ	كمش
coller (vt)	alṣaq	ألصق
couper (vt)	ʾaṭaʿ	قطع
défaut (m)	ʿoṭl (m)	عطل
réparation (f)	taṣlīḥ (m)	تصليح
réparer (vt)	ṣallaḥ	صلّح
régler (vt)	ḍabaṭ	ضبط
vérifier (vt)	eχtabar	إختبر
vérification (f)	faḥṣ (m)	فحص
relevé (m)	qerāʾa (f)	قراءة
fiable (machine ~)	matīn	متين
complexe (adj)	morakkab	مركّب
rouiller (vi)	ṣadaʾ	صدئ
rouillé (adj)	meṣaddy	مصدّي
rouille (f)	ṣadaʾ (m)	صدأ

Les transports

105. L'avion

avion (m)	ṭayāra (f)	طيّارة
billet (m) d'avion	tazkara ṭayarān (f)	تذكرة طيران
compagnie (f) aérienne	ʃerket ṭayarān (f)	شركة طيران
aéroport (m)	maṭār (m)	مطار
supersonique (adj)	χāreq lel ṣote	خارق للصوت
commandant (m) de bord	kabten (m)	كابتن
équipage (m)	ṭa'm (m)	طقم
pilote (m)	ṭayār (m)	طيّار
hôtesse (f) de l'air	moḍīfet ṭayarān (f)	مضيفة طيران
navigateur (m)	mallāḥ (m)	ملّاح
ailes (f pl)	agneḥa (pl)	أجنحة
queue (f)	deyl (m)	ذيل
cabine (f)	kabīna (f)	كابينة
moteur (m)	motore (m)	موتور
train (m) d'atterrissage	'agalāt el hobūṭ (pl)	عجلات الهبوط
turbine (f)	torbīna (f)	توربينة
hélice (f)	marwaḥa (f)	مروّحة
boîte (f) noire	mosaggel el ṭayarān (m)	مسجّل الطيران
gouvernail (m)	moqawwed el ṭayāra (m)	مقوّد الطيّارة
carburant (m)	woqūd (m)	وقود
consigne (f) de sécurité	beṭā'et el salāma (f)	بطاقة السلامة
masque (m) à oxygène	mask el oksyʒīn (m)	ماسك الاوكسيجين
uniforme (m)	zayī muwaḥḥad (m)	زيّ موحّد
gilet (m) de sauvetage	sotret nagah (f)	سترة نجاة
parachute (m)	baraʃot (m)	باراشوت
décollage (m)	eqlā' (m)	إقلاع
décoller (vi)	aqla'et	أقلعت
piste (f) de décollage	modarrag el ṭa'erāṭ (m)	مدرّج الطائرات
visibilité (f)	ro'ya (f)	رؤية
vol (m) (~ d'oiseau)	ṭayarān (m)	طيران
altitude (f)	ertefā' (m)	إرتفاع
trou (m) d'air	geyb hawā'y (m)	جيب هوائي
place (f)	meq'ad (m)	مقعد
écouteurs (m pl)	samma'āt ra'siya (pl)	سمّاعات رأسية
tablette (f)	ṣeniya qabela lel ṭayī (f)	صينية قابلة للطيّ
hublot (m)	ʃebbāk el ṭayāra (m)	شبّاك الطيّارة
couloir (m)	mamarr (m)	ممرّ

106. Le train

train (m)	qeṭār, 'aṭṭr (m)	قطار
train (m) de banlieue	qeṭār rokkāb (m)	قطار ركّاب
TGV (m)	qeṭār saree' (m)	قطار سريع
locomotive (f) diesel	qāṭeret dīzel (f)	قاطرة ديزل
locomotive (f) à vapeur	qāṭera boχariya (f)	قاطرة بخاريّة
wagon (m)	'araba (f)	عربة
wagon-restaurant (m)	'arabet el ṭa'ām (f)	عربة الطعام
rails (m pl)	qoḍbān (pl)	قضبان
chemin (m) de fer	sekka ḥadīdiya (f)	سكّة حديديّة
traverse (f)	'āreḍa sekket ḥadīd (f)	عارضة سكّة الحديد
quai (m)	raṣīf (m)	رصيف
voie (f)	χaṭṭ (m)	خطّ
sémaphore (m)	semafore (m)	سيمافور
station (f)	maḥaṭṭa (f)	محطّة
conducteur (m) de train	sawwā' (m)	سوّاق
porteur (m)	ʃayāl (m)	شيّال
steward (m)	mas'ūl 'arabet el qeṭār (m)	مسؤول عربة القطار
passager (m)	rākeb (m)	راكب
contrôleur (m) de billets	kamsary (m)	كمسري
couloir (m)	mamarr (m)	ممرّ
frein (m) d'urgence	farāmel el ṭawāre' (pl)	فرامل الطوارئ
compartiment (m)	ɣorfa (f)	غرفة
couchette (f)	serīr (m)	سرير
couchette (f) d'en haut	serīr 'olwy (m)	سرير علوّي
couchette (f) d'en bas	serīr sofly (m)	سرير سفلي
linge (m) de lit	aɣṭeyet el serīr (pl)	أغطية السرير
ticket (m)	tazkara (f)	تذكرة
horaire (m)	gadwal (m)	جدوّل
tableau (m) d'informations	lawḥet ma'lomāt (f)	لوحة معلومات
partir (vi)	ɣādar	غادر
départ (m) (du train)	moɣadra (f)	مغادرة
arriver (le train)	weṣel	وصل
arrivée (f)	woṣūl (m)	وصول
arriver en train	weṣel bel qeṭār	وصل بالقطار
prendre le train	rekeb el qeṭār	ركب القطار
descendre du train	nezel men el qeṭār	نزل من القطار
accident (m) ferroviaire	ḥeṭām qeṭār (m)	حطام قطار
dérailler (vi)	χarag 'an χaṭṭ sīru	خرج عن خطّ سيره
locomotive (f) à vapeur	qāṭera boχariya (f)	قاطرة بخاريّة
chauffeur (m)	'aṭʃagy (m)	عطشجي
chauffe (f)	forn el moḥarrek (m)	فرن المحرّك
charbon (m)	faḥm (m)	فحم

107. Le bateau

bateau (m)	safīna (f)	سفينة
navire (m)	safīna (f)	سفينة
bateau (m) à vapeur	baχera (f)	باخرة
paquebot (m)	baχera nahriya (f)	باخرة نهرية
bateau (m) de croisière	safīna seyaḥiya (f)	سفينة سياحيّة
croiseur (m)	ṭarrād safīna baḥariya (m)	طرّاد سفينة بحريّة
yacht (m)	yaχt (m)	يخت
remorqueur (m)	qāṭera baḥariya (f)	قاطرة بحريّة
péniche (f)	ṣandal (m)	صندل
ferry (m)	ʿabbāra (f)	عبّارة
voilier (m)	safīna ʃeraʿiya (m)	سفينة شراعيّة
brigantin (m)	markeb ʃerāʿy (m)	مركب شراعي
brise-glace (m)	moḥaṭṭemet galīd (f)	محطّمة جليد
sous-marin (m)	ɣawwāṣa (f)	غوّاصة
canot (m) à rames	markeb (m)	مركب
dinghy (m)	zawraʾ (m)	زورق
canot (m) de sauvetage	qāreb nagah (m)	قارب نجاة
canot (m) à moteur	lunʃ (m)	لنش
capitaine (m)	ʾobṭān (m)	قبطان
matelot (m)	baḥḥār (m)	بحّار
marin (m)	baḥḥār (m)	بحّار
équipage (m)	ṭāqem (m)	طاقم
maître (m) d'équipage	rabbān (m)	ربّان
mousse (m)	ṣaby el safīna (m)	صبي السفينة
cuisinier (m) du bord	ṭabbāχ (m)	طبّاخ
médecin (m) de bord	ṭabīb el safīna (m)	طبيب السفينة
pont (m)	saṭ-ḥ el safīna (m)	سطح السفينة
mât (m)	sāreya (f)	سارية
voile (f)	ʃerāʿ (m)	شراع
cale (f)	ʿanbar (m)	عنبر
proue (f)	moʾaddema (m)	مقدّمة
poupe (f)	moʾaχeret el safīna (f)	مؤخّرة السفينة
rame (f)	megdāf (m)	مجذاف
hélice (f)	marwaḥa (f)	مروّحة
cabine (f)	kabīna (f)	كابينة
carré (m) des officiers	ɣorfet el ṭaʿām wel rāḥa (f)	غرفة الطعام والراحة
salle (f) des machines	qesm el ʾālāt (m)	قسم الآلات
passerelle (f)	borg el qeyāda (m)	برج القيادة
cabine (f) de T.S.F.	ɣorfet el lāselky (f)	غرفة اللاسلكي
onde (f)	mouga (f)	موجة
journal (m) de bord	segel el safīna (m)	سجل السفينة
longue-vue (f)	monzār (m)	منظار
cloche (f)	garas (m)	جرس

pavillon (m)	ʿalam (m)	علم
grosse corde (f) tressée	ḥabl (m)	حبل
nœud (m) marin	ʿoʾda (f)	عقدة
rampe (f)	drabzīn saṭ-ḥ el safīna (m)	درابزين سطح السفينة
passerelle (f)	sellem (m)	سلّم
ancre (f)	marsāh (f)	مرساة
lever l'ancre	rafaʿ morsah	رفع مرساة
jeter l'ancre	rasa	رسا
chaîne (f) d'ancrage	selselet morsah (f)	سلسلة مرساة
port (m)	mināʾ (m)	ميناء
embarcadère (m)	marsa (m)	مرسى
accoster (vi)	rasa	رسا
larguer les amarres	aqlaʿ	أقلع
voyage (m) (à l'étranger)	reḥla (f)	رحلة
croisière (f)	reḥla baḥariya (f)	رحلة بحريّة
cap (m) (suivre un ~)	masār (m)	مسار
itinéraire (m)	ṭarīʾ (m)	طريق
chenal (m)	magra melāḥy (m)	مجرى ملاحيّ
bas-fond (m)	meyāh ḍaḥla (f)	مياه ضحلة
échouer sur un bas-fond	ganaḥ	جنح
tempête (f)	ʿāṣefa (f)	عاصفة
signal (m)	eʃara (f)	إشارة
sombrer (vi)	ɣereʾ	غرق
Un homme à la mer!	saʾaṭ rāgil min el sefīna!	سقط راجل من السفينة!
SOS (m)	nedāʾ eɣāsa (m)	نداء إغاثة
bouée (f) de sauvetage	ṭoʾe nagah (m)	طوق نجاة

108. L'aéroport

aéroport (m)	maṭār (m)	مطار
avion (m)	ṭayāra (f)	طيّارة
compagnie (f) aérienne	ʃerket ṭayarān (f)	شركة طيران
contrôleur (m) aérien	marākeb el ḥaraka el gawiya (m)	مراكب الحركة الجويّة
départ (m)	moɣadra (f)	مغادرة
arrivée (f)	woṣūl (m)	وصول
arriver (par avion)	weṣel	وصل
temps (m) de départ	waʾt el moɣadra (m)	وقت المغادرة
temps (m) d'arrivée	waʾt el woṣūl (m)	وقت الوصول
être retardé	taʾakχar	تأخّر
retard (m) de l'avion	taʾaχor el reḥla (m)	تأخّر الرحلة
tableau (m) d'informations	lawḥet el maʿlomāt (f)	لوحة المعلومات
information (f)	esteʿlamāt (pl)	إستعلامات
annoncer (vt)	aʿlan	أعلن

vol (m)	reḥlet ṭayarān (f)	رحلة طيران
douane (f)	gamārek (pl)	جمارك
douanier (m)	mowazzaf el gamārek (m)	موظّف الجمارك
déclaration (f) de douane	taṣrīḥ gomroky (m)	تصريح جمركي
remplir (vt)	mala	ملا
remplir la déclaration	mala el taṣrīḥ	ملأ التصريح
contrôle (m) de passeport	taftīʃ el gawazāt (m)	تفتيش الجوازات
bagage (m)	el ʃonaṭ (pl)	الشنط
bagage (m) à main	ʃonaṭ el yad (pl)	شنط اليد
chariot (m)	ʿarabet ʃonaṭ (f)	عربة شنط
atterrissage (m)	hobūṭ (m)	هبوط
piste (f) d'atterrissage	mamarr el hobūṭ (m)	ممرّ الهبوط
atterrir (vi)	habaṭ	هبط
escalier (m) d'avion	sellem el ṭayāra (m)	سلّم الطيّارة
enregistrement (m)	tasgīl (m)	تسجيل
comptoir (m) d'enregistrement	makān tasgīl (m)	مكان تسجيل
s'enregistrer (vp)	saggel	سجّل
carte (f) d'embarquement	beṭāqet el rokūb (f)	بطاقة الركوب
porte (f) d'embarquement	bawwābet el moɣadra (f)	بوّابة المغادرة
transit (m)	tranzīt (m)	ترانزيت
attendre (vt)	estanna	إستنّى
salle (f) d'attente	ṣālet el moɣadra (f)	صالة المغادرة
raccompagner (à l'aéroport, etc.)	waddaʿ	ودّع
dire au revoir	waddaʿ	ودّع

Les grands événements de la vie

109. Les fêtes et les événements

fête (f)	ʿīd (m)	عيد
fête (f) nationale	ʿīd waṭany (m)	عيد وطني
jour (m) férié	agāza rasmiya (f)	أجازة رسميّة
fêter (vt)	eḥtafal be zekra	إحتفل بذكرى
événement (m) (~ du jour)	ḥadass (m)	حدث
événement (m) (soirée, etc.)	monasba (f)	مناسبة
banquet (m)	walīma (f)	وليمة
réception (f)	ḥaflet este'bāl (f)	حفلة إستقبال
festin (m)	walīma (f)	وليمة
anniversaire (m)	zekra sanawiya (f)	ذكرى سنوية
jubilé (m)	yobeyl (m)	يوبيل
célébrer (vt)	eḥtafal	إحتفل
Nouvel An (m)	ra's el sanna (m)	رأس السنة
Bonne année!	koll sana wenta ṭayeb!	!كلّ سنة وأنت طيّب
Père Noël (m)	baba neweyl (m)	بابا نويل
Noël (m)	ʿīd el melād (m)	عيد الميلاد
Joyeux Noël!	ʿīd melād saʿīd!	!عيد ميلاد سعيد
arbre (m) de Noël	ʃagaret el kresmas (f)	شجرة الكريسمس
feux (m pl) d'artifice	alʿāb nāriya (pl)	ألعاب ناريّة
mariage (m)	faraḥ (m)	فرح
fiancé (m)	ʿarīs (m)	عريس
fiancée (f)	ʿarūsa (f)	عروسة
inviter (vt)	ʿazam	عزم
lettre (f) d'invitation	beṭā'et daʿwa (f)	بطاقة دعوة
invité (m)	ḍeyf (m)	ضيف
visiter (~ les amis)	zār	زار
accueillir les invités	esta'bal ḍoyūf	إستقبل ضيوف
cadeau (m)	hediya (f)	هديّة
offrir (un cadeau)	edda	إدّى
recevoir des cadeaux	estalam hadāya	إستلم هدايا
bouquet (m)	bokeyh (f)	بوكيه
félicitations (f pl)	tahne'a (f)	تهنئة
féliciter (vt)	hanna	هنّأ
carte (f) de veux	beṭā'et tahne'a (f)	بطاقة تهنئة
envoyer une carte	ba'at beṭā'et tahne'a	بعت بطاقة تهنئة
recevoir une carte	estalam beṭā'a tahne'a	استلم بطاقة تهنئة

toast (m)	naχab (m)	نخب
offrir (un verre, etc.)	ḍayaf	ضيّف
champagne (m)	ʃambania (f)	شمبانيا
s'amuser (vp)	estamta'	إستمتع
gaieté (f)	bahga (f)	بهجة
joie (f) (émotion)	sa'āda (f)	سعادة
danse (f)	ra'ṣa (f)	رقصة
danser (vi, vt)	ra'aṣ	رقص
valse (f)	valles (m)	فالس
tango (m)	tango (m)	تانجو

110. L'enterrement. Le deuil

cimetière (m)	maqbara (f)	مقبرة
tombe (f)	'abr (m)	قبر
croix (f)	ṣalīb (m)	صليب
pierre (f) tombale	ḥagar el ma''bara (m)	حجر المقبرة
clôture (f)	sūr (m)	سور
chapelle (f)	kenīsa saɣīra (f)	كنيسة صغيرة
mort (f)	mote (m)	موت
mourir (vi)	māt	مات
défunt (m)	el motawaffy (m)	المتوفّي
deuil (m)	ḥedād (m)	حداد
enterrer (vt)	dafan	دفن
maison (f) funéraire	maktab mota'ahhed el dafn (m)	مكتب متعهّد الدفن
enterrement (m)	ganāza (f)	جنازة
couronne (f)	eklīl (m)	إكليل
cercueil (m)	tabūt (m)	تابوت
corbillard (m)	na'ʃ (m)	نعش
linceul (m)	kafan (m)	كفن
cortège (m) funèbre	ganāza (f)	جنازة
urne (f) funéraire	garra gana'eziya (f)	جرّة جنائزية
crématoire (m)	maḥra'et gosas el mawta (f)	محرقة جثث الموتى
nécrologue (m)	segel el wafīāt (m)	سجل الوفيات
pleurer (vi)	baka	بكى
sangloter (vi)	nawwaḥ	نوّح

111. La guerre. Les soldats

section (f)	faṣīla (f)	فصيلة
compagnie (f)	serriya (f)	سريّة
régiment (m)	foge (m)	فوج
armée (f)	geyʃ (m)	جيش

division (f)	fer'a (f)	فرقة
détachement (m)	weḥda (f)	وحدة
armée (f) (Moyen Âge)	geyʃ (m)	جيش
soldat (m) (un militaire)	gondy (m)	جنّدي
officier (m)	ḍābeṭ (m)	ضابط
soldat (m) (grade)	gondy (m)	جنّدي
sergent (m)	raqīb tāny (m)	رقيب تاني
lieutenant (m)	molāzem tāny (m)	ملازم تاني
capitaine (m)	naqīb (m)	نقيب
commandant (m)	rā'ed (m)	رائد
colonel (m)	'aqīd (m)	عقيد
général (m)	ʒenerāl (m)	جنرال
marin (m)	baḥḥār (m)	بحّار
capitaine (m)	'obṭān (m)	قبطان
maître (m) d'équipage	rabbān (m)	ربّان
artilleur (m)	gondy fe selāḥ el madfa'iya (m)	جنّدي في سلاح المدفعيّة
parachutiste (m)	selāḥ el maẓallāt (m)	سلاح المظلّلات
pilote (m)	ṭayār (m)	طيّار
navigateur (m)	mallāḥ (m)	ملاّح
mécanicien (m)	mikanīky (m)	ميكانيكي
démineur (m)	mohandes 'askary (m)	مهندس عسكري
parachutiste (m)	gondy el baraʃot (m)	جنّدي الباراشوت
éclaireur (m)	kaʃāfet el esteṭlā' (f)	كشّافة الإستطلاع
tireur (m) d'élite	qannāṣ (m)	قنّاص
patrouille (f)	dawriya (f)	دوريّة
patrouiller (vi)	'ām be dawriya	قام بدوريّة
sentinelle (f)	ḥāres (m)	حارس
guerrier (m)	muḥāreb (m)	محارب
patriote (m)	waṭany (m)	وطني
héros (m)	baṭal (m)	بطل
héroïne (f)	baṭala (f)	بطلة
traître (m)	χāyen (m)	خاين
trahir (vt)	χān	خان
déserteur (m)	hāreb men el gondiya (m)	هارب من الجنديّة
déserter (vt)	farr men el geyʃ	فرّ من الجيش
mercenaire (m)	ma'gūr (m)	مأجور
recrue (f)	gondy gedīd (m)	جنّدي جديد
volontaire (m)	motaṭawwe' (m)	متطوّع
mort (m)	'atīl (m)	قتيل
blessé (m)	garīḥ (m)	جريح
prisonnier (m) de guerre	asīr ḥarb (m)	أسير حرب

112. La guerre. Partie 1

guerre (f)	ḥarb (f)	حرب
faire la guerre	ḥārab	حارب
guerre (f) civile	ḥarb ahliya (f)	حرب أهليّة
perfidement (adv)	ɣadran	غدراً
déclaration (f) de guerre	e'lān ḥarb (m)	إعلان حرب
déclarer (la guerre)	a'lan	أعلن
agression (f)	'edwān (m)	عدوان
attaquer (~ un pays)	hagam	هجم
envahir (vt)	eḥtall	إحتلّ
envahisseur (m)	moḥtell (m)	محتلّ
conquérant (m)	fāteḥ (m)	فاتح
défense (f)	defā' (m)	دفاع
défendre (vt)	dāfa'	دافع
se défendre (vp)	dāfa' 'an ...	دافع عن ...
ennemi (m)	'adeww (m)	عدوّ
adversaire (m)	χeṣm (m)	خصم
ennemi (adj) (territoire ~)	'adeww	عدوّ
stratégie (f)	estrateʒiya (f)	إستراتيجيّة
tactique (f)	taktīk (m)	تكتيك
ordre (m)	amr (m)	أمر
commande (f)	amr (m)	أمر
ordonner (vt)	amar	أمر
mission (f)	mohemma (f)	مهمّة
secret (adj)	serry	سرّي
bataille (f)	ma'raka (f)	معركة
combat (m)	'etāl (m)	قتال
attaque (f)	hogūm (m)	هجوم
assaut (m)	enqeḍāḍ (m)	إنقضاض
prendre d'assaut	enqaḍḍ	إنقضّ
siège (m)	ḥeṣār (m)	حصار
offensive (f)	hogūm (m)	هجوم
passer à l'offensive	hagam	هجم
retraite (f)	enseḥāb (m)	إنسحاب
faire retraite	ensaḥab	إنسحب
encerclement (m)	eḥāṭa (f)	إحاطة
encercler (vt)	aḥāṭ	أحاط
bombardement (m)	'aṣf (m)	قصف
lancer une bombe	asqaṭ qonbola	أسقط قنبلة
bombarder (vt)	'aṣaf	قصف
explosion (f)	enfegār (m)	إنفجار
coup (m) de feu	ṭal'a (f)	طلقة

tirer un coup de feu	aṭlaq el nār	أطلق النار
fusillade (f)	eṭlāq nār (m)	إطلاق نار
viser ... (cible)	ṣawwab ʿala ...	... صوّب على
pointer (sur ...)	ṣawwab	صوّب
atteindre (cible)	aṣāb el hadaf	أصاب الهدف
faire sombrer	aɣraʾ	أغرق
trou (m) (dans un bateau)	soqb (m)	ثقب
sombrer (navire)	ɣereʾ	غرق
front (m)	gabha (f)	جبهة
évacuation (f)	eχlāʾ (m)	إخلاء
évacuer (vt)	aχla	أخلى
tranchée (f)	χondoq (m)	خندق
barbelés (m pl)	aslāk ʃāʾeka (pl)	أسلاك شائكة
barrage (m) (~ antichar)	ḥāgez (m)	حاجز
tour (f) de guet	borg moraʾba (m)	برج مراقبة
hôpital (m)	mostaʃfa ʿaskary (m)	مستشفى عسكري
blesser (vt)	garaḥ	جرح
blessure (f)	garḥ (m)	جرح
blessé (m)	garīḥ (m)	جريح
être blessé	oṣīb bel garḥ	أصيب بالجرح
grave (blessure)	χaṭīr	خطير

113. La guerre. Partie 2

captivité (f)	asr (m)	أسر
captiver (vt)	asar	أسر
être prisonnier	etʾasar	أتأسر
être fait prisonnier	weʾeʿ fel asr	وقع في الأسر
camp (m) de concentration	moʿaskar eʿteqāl (m)	معسكر إعتقال
prisonnier (m) de guerre	asīr ḥarb (m)	أسير حرب
s'enfuir (vp)	hereb	هرب
trahir (vt)	χān	خان
traître (m)	χāyen (m)	خاين
trahison (f)	χeyāna (f)	خيانة
fusiller (vt)	aʿdam ramyan bel roṣāṣ	أعدم رمياً بالرصاص
fusillade (f) (exécution)	eʿdām ramyan bel roṣāṣ (m)	إعدام رمياً بالرصاص
équipement (m) (uniforme, etc.)	el ʿetād el ʿaskary (m)	العتاد العسكري
épaulette (f)	kattāfa (f)	كتافة
masque (m) à gaz	qenāʿ el ɣāz (m)	قناع الغاز
émetteur (m) radio	gehāz lāselky (m)	جهاز لاسلكي
chiffre (m) (code)	ʃafra (f)	شفرة
conspiration (f)	serriya (f)	سرّية
mot (m) de passe	kelmet el morūr (f)	كلمة مرور

mine (f) terrestre	loɣz arāḍy (m)	لغم أرضي
miner (poser des mines)	lagɣam	لغّم
champ (m) de mines	ḥaql alɣām (m)	حقل ألغام
alerte (f) aérienne	enzār gawwy (m)	إنذار جوّي
signal (m) d'alarme	enzār (m)	إنذار
signal (m)	eʃara (f)	إشارة
fusée signal (f)	eʃāra moḍī'a (f)	إشارة مضيئة
état-major (m)	maqarr (m)	مقرّ
reconnaissance (f)	kaʃāfet el esteṭlā' (f)	كشّافة الإستطلاع
situation (f)	ḥāla (f), waḍ' (m)	حالة, وضع
rapport (m)	ta'rīr (m)	تقرير
embuscade (f)	kamīn (m)	كمين
renfort (m)	emdadāt 'askariya (pl)	إمدادات عسكريّة
cible (f)	hadaf (m)	هدف
polygone (m)	arḍ eχtebār (m)	أرض إختبار
manœuvres (f pl)	monawrāt 'askariya (pl)	مناورات عسكريّة
panique (f)	zo'r (m)	ذعر
dévastation (f)	damār (m)	دمار
destructions (f pl) (ruines)	ḥeṭām (pl)	حطام
détruire (vt)	dammar	دمّر
survivre (vi)	negy	نجي
désarmer (vt)	garrad men el selāḥ	جرّد من السلاح
manier (une arme)	esta'mel	إستعمل
Garde-à-vous! Fixe!	entebāh!	إنتباه!
Repos!	estareḥ!	إسترح!
exploit (m)	ma'sara (f)	مأثرة
serment (m)	qasam (m)	قسم
jurer (de faire qch)	aqsam	أقسم
décoration (f)	wesām (m)	وسام
décorer (de la médaille)	manaḥ	منح
médaille (f)	medalya (f)	ميدالية
ordre (m) (~ du Mérite)	wesām 'askary (m)	وسام عسكري
victoire (f)	enteṣār - foze (m)	إنتصار, فوز
défaite (f)	hazīma (f)	هزيمة
armistice (m)	hodna (f)	هدنة
drapeau (m)	rāyet el ma'raka (f)	راية المعركة
gloire (f)	magd (m)	مجد
défilé (m)	mawkeb (m)	موكب
marcher (défiler)	sār	سار

114. Les armes

arme (f)	asleḥa (pl)	أسلحة
armes (f pl) à feu	asleḥa nāriya (pl)	أسلحة ناريّة

armes (f pl) blanches	asleḥa bayḍā' (pl)	أسلحة بيضاء
arme (f) chimique	asleḥa kemawiya (pl)	أسلحة كيماويّة
nucléaire (adj)	nawawy	نوويّ
arme (f) nucléaire	asleḥa nawawiya (pl)	أسلحة نوويّة
bombe (f)	qonbela (f)	قنبلة
bombe (f) atomique	qonbela nawawiya (f)	قنبلة نوويّة
pistolet (m)	mosaddas (m)	مسدّس
fusil (m)	bondoqiya (f)	بندقيّة
mitraillette (f)	mosaddas rasʃāʃ (m)	مسدّس رشّاش
mitrailleuse (f)	rasʃāʃ (m)	رشّاش
bouche (f)	fawha (f)	فوهة
canon (m)	anbūba (f)	أنبوبة
calibre (m)	ʿeyār (m)	عيار
gâchette (f)	zanād (m)	زناد
mire (f)	moṣawweb (m)	مصوّب
magasin (m)	maχzan (m)	مخزن
crosse (f)	ʿaqab el bondo'iya (m)	عقب البندقيّة
grenade (f) à main	qonbela yadawiya (f)	قنبلة يدويّة
explosif (m)	mawād motafaggera (pl)	مواد متفجّرة
balle (f)	roṣāṣa (f)	رصاصة
cartouche (f)	χarṭūʃa (f)	خرطوشة
charge (f)	ḥaʃwa (f)	حشوة
munitions (f pl)	zaχīra (f)	ذخيرة
bombardier (m)	qazefet qanābel (f)	قاذفة قنابل
avion (m) de chasse	ṭayāra muqātela (f)	طيّارة مقاتلة
hélicoptère (m)	heliokobter (m)	هليكوبتر
pièce (f) de D.C.A.	madfaʿ moḍād lel ṭa'erāṭ (m)	مدفع مضاد للطائرات
char (m)	dabbāba (f)	دبّابة
canon (m) d'un char	madfaʿ el dabbāba (m)	مدفع الدبّابة
artillerie (f)	madfaʿiya (f)	مدفعيّة
canon (m)	madfaʿ (m)	مدفع
pointer (~ l'arme)	ṣawwab	صوّب
obus (m)	qazīfa (f)	قذيفة
obus (m) de mortier	qonbela hawn (f)	قنبلة هاون
mortier (m)	hawn (m)	هاون
éclat (m) d'obus	ʃazya (f)	شظية
sous-marin (m)	ɣawwāṣa (f)	غوّاصة
torpille (f)	ṭorbīd (m)	طوربيد
missile (m)	ṣarūχ (m)	صاروخ
charger (arme)	ʿammar	عمّر
tirer (vi)	ḍarab bel nār	ضرب بالنار
viser ... (cible)	ṣawwab ʿala ...	... صوّب على
baïonnette (f)	ḥerba (f)	حربة
épée (f)	seyf zu ḥaddeyn (m)	سيف ذو حدّين

sabre (m)	seyf monḥany (m)	سيف منحني
lance (f)	remḥ (m)	رمح
arc (m)	qose (m)	قوس
flèche (f)	sahm (m)	سهم
mousquet (m)	musket (m)	مسكيت
arbalète (f)	qose mosta'raḍ (m)	قوس مستعرض

115. Les hommes préhistoriques

primitif (adj)	bedā'y	بدائي
préhistorique (adj)	ma qabl el tarīχ	ما قبل التاريخ
ancien (adj)	'adīm	قديم
Âge (m) de pierre	el 'aṣr el ḥagary (m)	العصر الحجري
Âge (m) de bronze	el 'aṣr el bronzy (m)	العصر البرونزي
période (f) glaciaire	el 'aṣr el galīdy (m)	العصر الجليدي
tribu (f)	qabīla (f)	قبيلة
cannibale (m)	'ākel loḥūm el baʃar (m)	آكل لحوم البشر
chasseur (m)	ṣayād (m)	صيّاد
chasser (vi, vt)	eṣṭād	إصطاد
mammouth (m)	mamūθ (m)	ماموث
caverne (f)	kahf (m)	كهف
feu (m)	nār (f)	نار
feu (m) de bois	nār moχayem (m)	نار مخيّم
dessin (m) rupestre	rasm fel kahf (m)	رسم في الكهف
outil (m)	adah (f)	أداة
lance (f)	remḥ (m)	رمح
hache (f) en pierre	fa's ḥagary (m)	فأس حجري
faire la guerre	ḥārab	حارب
domestiquer (vt)	esta'nas	استئنس
idole (f)	ṣanam (m)	صنم
adorer, vénérer (vt)	'abad	عبد
superstition (f)	χorāfa (f)	خرافة
rite (m)	mansak (m)	منسك
évolution (f)	taṭṭawwor (m)	تطوّر
développement (m)	nomoww (m)	نموّ
disparition (f)	enqerāḍ (m)	إنقراض
s'adapter (vp)	takayaf (ma')	تكيّف (مع)
archéologie (f)	'elm el 'āsār (m)	علم الآثار
archéologue (m)	'ālem āsār (m)	عالم آثار
archéologique (adj)	asary	أثري
site (m) d'excavation	mawqe' ḥafr (m)	موّقع حفر
fouilles (f pl)	tanqīb (m)	تنقيب
trouvaille (f)	ekteʃāf (m)	إكتشاف
fragment (m)	'eṭ'a (f)	قطعة

116. Le Moyen Âge

peuple (m)	ʃa'b (m)	شعب
peuples (m pl)	ʃo'ūb (pl)	شعوب
tribu (f)	qabīla (f)	قبيلة
tribus (f pl)	qabā'el (pl)	قبائل
Barbares (m pl)	el barabra (pl)	البرابرة
Gaulois (m pl)	el ɣaliyūn (pl)	الغاليّون
Goths (m pl)	el qūṭiyūn (pl)	القوطيون
Slaves (m pl)	el selāf (pl)	السلاف
Vikings (m pl)	el viking (pl)	الفايكينج
Romains (m pl)	el romān (pl)	الرومان
romain (adj)	romāny	روماني
byzantins (m pl)	bizanṭiyūn (pl)	بيزنطيون
Byzance (f)	bīzanṭa (f)	بيزنطة
byzantin (adj)	bīzanṭy	بيزنطي
empereur (m)	embraṭore (m)	إمبراطور
chef (m)	za'īm (m)	زعيم
puissant (adj)	gabbār	جبّار
roi (m)	malek (m)	ملك
gouverneur (m)	ḥākem (m)	حاكم
chevalier (m)	fāres (m)	فارس
féodal (m)	eqṭā'y (m)	إقطاعي
féodal (adj)	eqṭā'y	إقطاعي
vassal (m)	ḥākem tābe' (m)	حاكم تابع
duc (m)	dū' (m)	دوق
comte (m)	earl (m)	ايرل
baron (m)	barūn (m)	بارون
évêque (m)	asqof (m)	أسقف
armure (f)	der' (m)	درع
bouclier (m)	der' (m)	درع
glaive (m)	seyf (m)	سيف
visière (f)	ḥaffa amamiya lel χoza (f)	حافة أماميّة للخوذة
cotte (f) de mailles	der' el zard (m)	درع الزرد
croisade (f)	ḥamla ṣalībiya (f)	حملة صليبيّة
croisé (m)	ṣalīby (m)	صليبي
territoire (m)	arḍ (f)	أرض
attaquer (~ un pays)	hagam	هجم
conquérir (vt)	fataḥ	فتح
occuper (envahir)	eḥtall	إحتلّ
siège (m)	ḥeṣār (m)	حصار
assiégé (adj)	moḥāṣar	محاصر
assiéger (vt)	ḥāṣar	حاصر
inquisition (f)	maḥākem el taftīʃ (pl)	محاكم التفتيش
inquisiteur (m)	mofatteʃ (m)	مفتّش

torture (f)	ta'zīb (m)	تعذيب
cruel (adj)	waḥʃy	وحشي
hérétique (m)	moharṭeq (m)	مهرطق
hérésie (f)	harṭa'a (f)	هرطقة
navigation (f) en mer	el safar bel baḥr (m)	السفر بالبحر
pirate (m)	'orṣān (m)	قرصان
piraterie (f)	'arṣana (f)	قرصنة
abordage (m)	mohagmet safīna (f)	مهاجمة سفينة
butin (m)	ɣanīma (f)	غنيمة
trésor (m)	konūz (pl)	كنوز
découverte (f)	ekteʃāf (m)	إكتشاف
découvrir (vt)	ektaʃaf	إكتشف
expédition (f)	be'sa (f)	بعثة
mousquetaire (m)	fāres (m)	فارس
cardinal (m)	kardinal (m)	كاردينال
héraldique (f)	ʃe'ārāt el nabāla (pl)	شعارات النبالة
héraldique (adj)	χāṣṣ be ʃe'arāt el nebāla	خاصّ بشعارات النبالة

117. Les dirigeants. Les responsables. Les autorités

roi (m)	malek (m)	ملك
reine (f)	maleka (f)	ملكة
royal (adj)	malaky	ملكي
royaume (m)	mamlaka (f)	مملكة
prince (m)	amīr (m)	أمير
princesse (f)	amīra (f)	أميرة
président (m)	ra'īs (m)	رئيس
vice-président (m)	nā'eb el ra'īs (m)	نائب الرئيس
sénateur (m)	'oḍw magles el ʃoyūχ (m)	عضو مجلس الشيوخ
monarque (m)	'āhel (m)	عاهل
gouverneur (m)	ḥākem (m)	حاكم
dictateur (m)	dektatore (m)	ديكتاتور
tyran (m)	ṭāɣeya (f)	طاغية
magnat (m)	ra'smāly kebīr (m)	رأسمالي كبير
directeur (m)	modīr (m)	مدير
chef (m)	ra'īs (m)	رئيس
gérant (m)	modīr (m)	مدير
boss (m)	ra'īs (m)	رئيس
patron (m)	ṣāḥeb (m)	صاحب
leader (m)	za'īm (m)	زعيم
chef (m) (~ d'une délégation)	ra'īs (m)	رئيس
autorités (f pl)	solṭāt (pl)	سلطات
supérieurs (m pl)	ro'asā' (pl)	رؤساء
gouverneur (m)	muḥāfeẓ (m)	محافظ
consul (m)	qonṣol (m)	قنصل

diplomate (m)	deblomāsy (m)	دبلوماسي
maire (m)	ra'īs el baladiya (m)	رئيس البلديّة
shérif (m)	ʃerīf (m)	شريف
empereur (m)	embraṭore (m)	إمبراطور
tsar (m)	qayṣar (m)	قيصر
pharaon (m)	fer'one (m)	فرعون
khan (m)	χān (m)	خان

118. Les crimes. Les criminels. Partie 1

bandit (m)	qāṭe' ṭarī' (m)	قاطع طريق
crime (m)	garīma (f)	جريمة
criminel (m)	mogrem (m)	مجرم
voleur (m)	sāre' (m)	سارق
voler (qch à qn)	sara'	سرق
vol (m)	ser'a (f)	سرقة
kidnapper (vt)	χaṭaf	خطف
kidnapping (m)	χaṭf (m)	خطف
kidnappeur (m)	χāṭef (m)	خاطف
rançon (f)	fedya (f)	فدية
exiger une rançon	ṭalab fedya	طلب فدية
cambrioler (vt)	nahab	نهب
cambriolage (m)	nahb (m)	نهب
cambrioleur (m)	nahhāb (m)	نهّاب
extorquer (vt)	balṭag	بلطج
extorqueur (m)	balṭagy (m)	بلطجي
extorsion (f)	balṭaga (f)	بلطجة
tuer (vt)	'atal	قتل
meurtre (m)	'atl (m)	قتل
meurtrier (m)	qātel (m)	قاتل
coup (m) de feu	ṭal'et nār (f)	طلقة نار
tirer un coup de feu	aṭlaq el nār	أطلق النار
abattre (par balle)	'atal bel roṣāṣ	قتل بالرصاص
tirer (vi)	ḍarab bel nār	ضرب بالنار
coups (m pl) de feu	ḍarb nār (m)	ضرب نار
incident (m)	ḥādes (m)	حادث
bagarre (f)	χenā'a (f)	خناقة
Au secours!	sā'idni	ساعدني!
victime (f)	ḍaḥiya (f)	ضحيّة
endommager (vt)	χarrab	خرّب
dommage (m)	χesāra (f)	خسارة
cadavre (m)	gossa (f)	جثّة
grave (~ crime)	χaṭīra	خطيرة
attaquer (vt)	hagam	هجم

battre (frapper)	ḍarab	ضرب
passer à tabac	ḍarab	ضرب
prendre (voler)	salab	سلب
poignarder (vt)	ṭaʿan ḥatta el mote	طعن حتّى الموت
mutiler (vt)	ʃawwah	شوّه
blesser (vt)	garaḥ	جرح
chantage (m)	ebtezāz (m)	إبتزاز
faire chanter	ebtazz	إبتزّ
maître (m) chanteur	mobtazz (m)	مبتزّ
racket (m) de protection	balṭaga (f)	بلطجة
racketteur (m)	mobtazz (m)	مبتزّ
gangster (m)	ragol ʿeṣāba (m)	رجل عصابة
mafia (f)	mafia (f)	مافيا
pickpocket (m)	nasʃāl (m)	نشّال
cambrioleur (m)	leṣṣ beyūt (m)	لص بيوت
contrebande (f) (trafic)	tahrīb (m)	تهريب
contrebandier (m)	moharreb (m)	مهرّب
contrefaçon (f)	tazwīr (m)	تزوير
falsifier (vt)	zawwar	زوّر
faux (falsifié)	mozawwara	مزوّرة

119. Les crimes. Les criminels. Partie 2

viol (m)	eɣteṣāb (m)	إغتصاب
violer (vt)	eɣtaṣab	إغتصب
violeur (m)	moɣtaṣeb (m)	مغتصب
maniaque (m)	mahwūs (m)	مهووس
prostituée (f)	mommos (f)	مومّس
prostitution (f)	daʿāra (f)	دعارة
souteneur (m)	qawwād (m)	قوّاد
drogué (m)	modmen moxaddarāt (m)	مدمن مخدّرات
trafiquant (m) de drogue	tāger moxaddarāt (m)	تاجر مخدّرات
faire exploser	faggar	فجّر
explosion (f)	enfegār (m)	إنفجار
mettre feu	aʃʿal el nār	أشعل النار
incendiaire (m)	moʃʿel ḥarīq ʿan ʿamd (m)	مشعل حريق عن عمد
terrorisme (m)	erhāb (m)	إرهاب
terroriste (m)	erhāby (m)	إرهابي
otage (m)	rahīna (m)	رهينة
escroquer (vt)	eḥtāl	إحتال
escroquerie (f)	eḥteyāl (m)	إحتيال
escroc (m)	moḥtāl (m)	محتال
soudoyer (vt)	raʃa	رشا
corruption (f)	erteʃāʾ (m)	إرتشاء

pot-de-vin (m)	raʃwa (f)	رشوة
poison (m)	semm (m)	سمّ
empoisonner (vt)	sammem	سمّم
s'empoisonner (vp)	sammem nafsoh	سمّم نفسه
suicide (m)	enteḥār (m)	إنتحار
suicidé (m)	montaḥer (m)	منتحر
menacer (vt)	hadded	هدّد
menace (f)	tahdīd (m)	تهديد
attenter (vt)	ḥāwel eɣteyāl	حاول إغتيال
attentat (m)	moḥawlet eɣteyāl (f)	محاولة إغتيال
voler (un auto)	sara'	سرق
détourner (un avion)	eχtaṭaf	إختطف
vengeance (f)	enteqām (m)	إنتقام
se venger (vp)	entaqam	إنتقم
torturer (vt)	ʿazzeb	عذّب
torture (f)	taʿzīb (m)	تعذيب
tourmenter (vt)	ʿazzeb	عذّب
pirate (m)	'orṣān (m)	قرصان
voyou (m)	wabaʃ (m)	وبش
armé (adj)	mosallaḥ	مسلّح
violence (f)	ʿonf (m)	عنف
illégal (adj)	meʃ qanūniy	مش قانونيّ
espionnage (m)	tagassas (m)	تجسّس
espionner (vt)	tagassas	تجسّس

120. La police. La justice. Partie 1

justice (f)	qaḍā' (m)	قضاء
tribunal (m)	maḥkama (f)	محكمة
juge (m)	qāḍy (m)	قاضي
jury (m)	moḥallafīn (pl)	محلّفين
cour (f) d'assises	qaḍā' el muḥallafīn (m)	قضاء المحلّفين
juger (vt)	ḥakam	حكم
avocat (m)	muḥāmy (m)	محامي
accusé (m)	moddaʿy ʿaleyh (m)	مدّعي عليه
banc (m) des accusés	'afaṣ el ettehām (m)	قفص الإتّهام
inculpation (f)	ettehām (m)	إتّهام
inculpé (m)	mottaham (m)	متّهم
condamnation (f)	ḥokm (m)	حكم
condamner (vt)	ḥakam	حكم
coupable (m)	gāny (m)	جاني
punir (vt)	ʿāqab	عاقب

punition (f)	ʻeqāb (m)	عقاب
amende (f)	ɣarāma (f)	غرامة
détention (f) à vie	segn mada el ḥayah (m)	سجن مدى الحياة
peine (f) de mort	ʻoqūbet ʼeʻdām (f)	عقوبة إعدام
chaise (f) électrique	el korsy el kaharabāʼy (m)	الكرسي الكهربائي
potence (f)	maʃnaʼa (f)	مشنقة
exécuter (vt)	aʻdam	أعدم
exécution (f)	eʻdām (m)	إعدام
prison (f)	segn (m)	سجن
cellule (f)	zenzāna (f)	زنزانة
escorte (f)	ḥerāsa (f)	حراسة
gardien (m) de prison	ḥāres segn (m)	حارس سجن
prisonnier (m)	sagīn (m)	سجين
menottes (f pl)	kalabʃāt (pl)	كلابشات
mettre les menottes	kalbeʃ	كلبش
évasion (f)	horūb men el segn (m)	هروب من السجن
s'évader (vp)	hereb	هرب
disparaître (vi)	eχtafa	إختفى
libérer (vt)	aχla sabīl	أخلى سبيل
amnistie (f)	ʻafw ʻām (m)	عفو عام
police (f)	ʃorṭa (f)	شرطة
policier (m)	ʃorṭy (m)	شرطي
commissariat (m) de police	qesm ʃorṭa (m)	قسم شرطة
matraque (f)	ʻaṣāya maṭṭāṭiya (f)	عصاية مطّاطية
haut parleur (m)	būʼ (m)	بوق
voiture (f) de patrouille	ʻarabiyet dawrīāt (f)	عربيّة دوريات
sirène (f)	sarīna (f)	سرينة
enclencher la sirène	wallaʻ el sarīna	ولّع السرينة
hurlement (m) de la sirène	ṣote sarīna (m)	صوت سرينة
lieu (m) du crime	masraḥ el garīma (m)	مسرح الجريمة
témoin (m)	ʃāhed (m)	شاهد
liberté (f)	ḥorriya (f)	حرّيّة
complice (m)	ʃerīk fel garīma (m)	شريك في الجريمة
s'enfuir (vp)	hereb	هرب
trace (f)	asar (m)	أثر

121. La police. La justice. Partie 2

recherche (f)	baḥs (m)	بحث
rechercher (vt)	dawwar ʻala	دوّر على
suspicion (f)	ʃobha (f)	شبهة
suspect (adj)	maʃbūh	مشبوه
arrêter (dans la rue)	awqaf	أوقّف
détenir (vt)	eʻtaqal	إعتقل
affaire (f) (~ pénale)	ʼaḍiya (f)	قضيّة
enquête (f)	taḥʼīʼ (m)	تحقيق

détective (m)	moḥaqqeq (m)	محقّق
enquêteur (m)	mofatteʃ (m)	مفتّش
hypothèse (f)	rewāya (f)	رواية
motif (m)	dāfeʿ (m)	دافع
interrogatoire (m)	estegwāb (m)	إستجواب
interroger (vt)	estagweb	إستجوب
interroger (~ les voisins)	estanṭaʾ	إستنطق
inspection (f)	faḥṣ (m)	فحص
rafle (f)	gamʿ (m)	جمع
perquisition (f)	taftīʃ (m)	تفتيش
poursuite (f)	moṭarda (f)	مطاردة
poursuivre (vt)	ṭārad	طارد
dépister (vt)	tatabbaʿ	تتبّع
arrestation (f)	eʿteqāl (m)	إعتقال
arrêter (vt)	eʿtaqal	اعتقل
attraper (~ un criminel)	ʾabaḍ ʿala	قبض على
capture (f)	ʾabḍ (m)	قبض
document (m)	wasīqa (f)	وثيقة
preuve (f)	dalīl (m)	دليل
prouver (vt)	asbat	أثبت
empreinte (f) de pied	baṣma (f)	بصّمة
empreintes (f pl) digitales	baṣamāt el aṣābeʿ (pl)	بصمات الأصابع
élément (m) de preuve	ʾeṭʿa men el adella (f)	قطعة من الأدلّة
alibi (m)	ḥegget ɣeyāb (f)	حجّة غياب
innocent (non coupable)	barīʾ	بريء
injustice (f)	ẓolm (m)	ظلم
injuste (adj)	meʃ ʿādel	مش عادل
criminel (adj)	mogrem	مجرم
confisquer (vt)	ṣādar	صادر
drogue (f)	moχaddarāt (pl)	مخدّرات
arme (f)	selāḥ (m)	سلاح
désarmer (vt)	garrad men el selāḥ	جرّد من السلاح
ordonner (vt)	amar	أمر
disparaître (vi)	eχtafa	إختفى
loi (f)	qanūn (m)	قانون
légal (adj)	qanūny	قانوني
illégal (adj)	meʃ qanūny	مش قانوني
responsabilité (f)	mas'oliya (f)	مسؤوليّة
responsable (adj)	mas'ūl (m)	مسؤول

LA NATURE

La Terre. Partie 1

122. L'espace cosmique

cosmos (m)	faḍā' (m)	فضاء
cosmique (adj)	faḍā'y	فضائي
espace (m) cosmique	el faḍā' el χāregy (m)	الفضاء الخارجي
monde (m)	ʿālam (m)	عالم
univers (m)	el kōn (m)	الكون
galaxie (f)	el magarra (f)	المجرّة
étoile (f)	negm (m)	نجم
constellation (f)	borg (m)	برج
planète (f)	kawwkab (m)	كوّكب
satellite (m)	'amar ṣenāʿy (m)	قمر صناعي
météorite (m)	nayzek (m)	نيّزك
comète (f)	mozannab (m)	مذنّب
astéroïde (m)	kowaykeb (m)	كويكب
orbite (f)	madār (m)	مدار
tourner (vi)	dār	دار
atmosphère (f)	el ɣelāf el gawwy (m)	الغلاف الجوّي
Soleil (m)	el ʃams (f)	الشمس
système (m) solaire	el magmūʿa el ʃamsiya (f)	المجموعة الشمسيّة
éclipse (f) de soleil	kosūf el ʃams (m)	كسوف الشمس
Terre (f)	el arḍ (f)	الأرض
Lune (f)	el 'amar (m)	القمر
Mars (m)	el marrīχ (m)	المرّيخ
Vénus (f)	el zahra (f)	الزهرة
Jupiter (m)	el moʃtary (m)	المشتري
Saturne (m)	zoḥḥol (m)	زحل
Mercure (m)	ʿaṭāred (m)	عطارد
Uranus (m)	uranus (m)	اورانوس
Neptune	nibtūn (m)	نبتون
Pluton (m)	bluto (m)	بلوتو
la Voie Lactée	darb el tebbāna (m)	درب التبّانة
la Grande Ours	el dobb el akbar (m)	الدب الأكبر
la Polaire	negm el 'oṭb (m)	نجم القطب
martien (m)	sāken el marrīχ (m)	ساكن المرّيخ
extraterrestre (m)	faḍā'y (m)	فضائي

alien (m)	kā'en faḍā'y (m)	كائن فضائي
soucoupe (f) volante	ṭaba' ṭā'er (m)	طبق طائر
vaisseau (m) spatial	markaba faḍa'iya (f)	مركبة فضائية
station (f) orbitale	maḥaṭṭet faḍā' (f)	محطّة فضاء
lancement (m)	enṭelāq (m)	إنطلاق
moteur (m)	motore (m)	موتور
tuyère (f)	manfaθ (m)	منفث
carburant (m)	woqūd (m)	وقود
cabine (f)	kabīna (f)	كابينة
antenne (f)	hawā'y (m)	هوائي
hublot (m)	kowwa mostadīra (f)	كوّة مستديرة
batterie (f) solaire	lawḥa ʃamsiya (f)	لوحة شمسيّة
scaphandre (m)	badlet el faḍā' (f)	بدّلة الفضاء
apesanteur (f)	en'edām wazn (m)	إنعدام الوزن
oxygène (m)	oksiʒīn (m)	أوكسجين
arrimage (m)	rasw (m)	رسو
s'arrimer à ...	rasa	رسى
observatoire (m)	marṣad (m)	مرصد
télescope (m)	teleskop (m)	تلسكوب
observer (vt)	rāqab	راقب
explorer (un cosmos)	estakʃef	إستكشف

123. La Terre

Terre (f)	el arḍ (f)	الأرض
globe (m) terrestre	el kora el arḍiya (f)	الكرة الأرضيّة
planète (f)	kawwkab (m)	كوّكب
atmosphère (f)	el ɣelāf el gawwy (m)	الغلاف الجوّي
géographie (f)	goɣrafia (f)	جغرافيا
nature (f)	ṭabee'a (f)	طبيعة
globe (m) de table	namūzag lel kora el arḍiya (m)	نموذج للكرة الأرضيّة
carte (f)	χarīṭa (f)	خريطة
atlas (m)	aṭlas (m)	أطلس
Europe (f)	orobba (f)	أوروبّا
Asie (f)	asya (f)	آسيا
Afrique (f)	afreqia (f)	أفريقيا
Australie (f)	ostorālya (f)	أستراليا
Amérique (f)	amrīka (f)	أمريكا
Amérique (f) du Nord	amrīka el ʃamaliya (f)	أمريكا الشماليّة
Amérique (f) du Sud	amrīka el ganūbiya (f)	أمريكا الجنوبيّة
l'Antarctique (m)	el qoṭb el ganūby (m)	القطب الجنوبي
l'Arctique (m)	el qoṭb el ʃamāly (m)	القطب الشمالي

124. Les quatre parties du monde

nord (m)	ʃemāl (m)	شمال
vers le nord	lel ʃamāl	للشمال
au nord	fel ʃamāl	في الشمال
du nord (adj)	ʃamāly	شمالي
sud (m)	ganūb (m)	جنوب
vers le sud	lel ganūb	للجنوب
au sud	fel ganūb	في الجنوب
du sud (adj)	ganūby	جنوبي
ouest (m)	ɣarb (m)	غرب
vers l'occident	lel ɣarb	للغرب
à l'occident	fel ɣarb	في الغرب
occidental (adj)	ɣarby	غربي
est (m)	ʃarʾ (m)	شرق
vers l'orient	lel ʃarʾ	للشرق
à l'orient	fel ʃarʾ	في الشرق
oriental (adj)	ʃarʾy	شرقي

125. Les océans et les mers

mer (f)	baḥr (m)	بحر
océan (m)	moḥīṭ (m)	محيط
golfe (m)	χalīg (m)	خليج
détroit (m)	maḍīq (m)	مضيق
terre (f) ferme	barr (m)	برّ
continent (m)	qārra (f)	قارّة
île (f)	gezīra (f)	جزيرة
presqu'île (f)	ʃebh gezeyra (f)	شبه جزيرة
archipel (m)	magmūʿet gozor (f)	مجموعة جزر
baie (f)	χalīg (m)	خليج
port (m)	mināʾ (m)	ميناء
lagune (f)	lagūn (m)	لاجون
cap (m)	raʾs (m)	رأس
atoll (m)	gezīra morganiya estwaʾiya (f)	جزيزة مرجانية إستوائيّة
récif (m)	ʃoʿāb (pl)	شعاب
corail (m)	morgān (m)	مرجان
récif (m) de corail	ʃoʿāb morganiya (pl)	شعاب مرجانية
profond (adj)	ʿamīq	عميق
profondeur (f)	ʿomq (m)	عمق
abîme (m)	el ʿomq el saḥīq (m)	العمق السحيق
fosse (f) océanique	χondoq (m)	خندق
courant (m)	tayār (m)	تيّار
baigner (vt) (mer)	ḥāṭ	حاط
littoral (m)	sāḥel (m)	ساحل

côte (f)	sāḥel (m)	ساحل
marée (f) haute	tayār (m)	تيّار
marée (f) basse	gozor (m)	جزر
banc (m) de sable	meyāh ḍaḥla (f)	مياه ضحلة
fond (m)	qā' (m)	قاع
vague (f)	mouga (f)	موجة
crête (f) de la vague	qemma (f)	قمّة
mousse (f)	zabad el baḥr (m)	زبد البحر
tempête (f) en mer	'āṣefa (f)	عاصفة
ouragan (m)	e'ṣār (m)	إعصار
tsunami (m)	tsunāmy (m)	تسونامي
calme (m)	hodū' (m)	هدوء
calme (tranquille)	hady	هادئ
pôle (m)	'oṭb (m)	قطب
polaire (adj)	'oṭby	قطبي
latitude (f)	'arḍ (m)	عرض
longitude (f)	χaṭṭ ṭūl (m)	خطّ طول
parallèle (f)	motawāz (m)	متواز
équateur (m)	χaṭṭ el estewā' (m)	خطّ الإستواء
ciel (m)	samā' (f)	سماء
horizon (m)	ofoq (m)	أفق
air (m)	hawā' (m)	هواء
phare (m)	manāra (f)	منارة
plonger (vi)	ɣāṣ	غاص
sombrer (vi)	ɣere'	غرق
trésor (m)	konūz (pl)	كنوز

126. Les noms des mers et des océans

océan (m) Atlantique	el moḥeyṭ el aṭlanty (m)	المحيط الأطلنطي
océan (m) Indien	el moḥeyṭ el hendy (m)	المحيط الهندي
océan (m) Pacifique	el moḥeyṭ el hādy (m)	المحيط الهادي
océan (m) Glacial	el moḥeyṭ el motagammed el ʃamāly (m)	المحيط المتجمّد الشمالي
mer (f) Noire	el baḥr el aswad (m)	البحر الأسود
mer (f) Rouge	el baḥr el aḥmar (m)	البحر الأحمر
mer (f) Jaune	el baḥr el aṣfar (m)	البحر الأصفر
mer (f) Blanche	el baḥr el abyaḍ (m)	البحر الأبيض
mer (f) Caspienne	baḥr qazwīn (m)	بحر قزوين
mer (f) Morte	el baḥr el mayet (m)	البحر الميّت
mer (f) Méditerranée	el baḥr el abyaḍ el motawasseṭ (m)	البحر الأبيض المتوسّط
mer (f) Égée	baḥr eygah (m)	بحر إيجة
mer (f) Adriatique	el baḥr el adreyatīky (m)	البحر الأدرياتيكي
mer (f) Arabique	baḥr el 'arab (m)	بحر العرب

mer (f) du Japon	baḥr el yabān (m)	بحر اليابان
mer (f) de Béring	baḥr bering (m)	بحر بيرينغ
mer (f) de Chine Méridionale	baḥr el ṣeyn el ganūby (m)	بحر الصين الجنوبي
mer (f) de Corail	baḥr el morgān (m)	بحر المرجان
mer (f) de Tasman	baḥr tazman (m)	بحر تسمان
mer (f) Caraïbe	el baḥr el karību (m)	البحر الكاريبي
mer (f) de Barents	baḥr barents (m)	بحر بارنتس
mer (f) de Kara	baḥr kara (m)	بحر كارا
mer (f) du Nord	baḥr el ʃamāl (m)	بحر الشمال
mer (f) Baltique	baḥr el balṭīq (m)	بحر البلطيق
mer (f) de Norvège	baḥr el nerwīg (m)	بحر النرويج

127. Les montagnes

montagne (f)	gabal (m)	جبل
chaîne (f) de montagnes	selselet gebāl (f)	سلسلة جبال
crête (f)	notū' el gabal (m)	نتوء الجبل
sommet (m)	qemma (f)	قمّة
pic (m)	qemma (f)	قمّة
pied (m)	asfal (m)	أسفل
pente (f)	monḥadar (m)	منحدر
volcan (m)	borkān (m)	بركان
volcan (m) actif	borkān naʃeṭ (m)	بركان نشط
volcan (m) éteint	borkān χāmed (m)	بركان خامد
éruption (f)	sawarān (m)	ثوّران
cratère (m)	fawhet el borkān (f)	فوهة البركان
magma (m)	magma (f)	ماجما
lave (f)	ḥomam borkāniya (pl)	حمم بركانية
en fusion (lave ~)	monṣahera	منصهرة
canyon (m)	wādy ḍaye' (m)	وادي ضيّق
défilé (m) (gorge)	mamarr ḍaye' (m)	ممرّ ضيّق
crevasse (f)	ʃa'' (m)	شقّ
précipice (m)	hāwya (f)	هاوية
col (m) de montagne	mamarr gabaly (m)	ممرّ جبلي
plateau (m)	haḍaba (f)	هضبة
rocher (m)	garf (m)	جرف
colline (f)	tall (m)	تلّ
glacier (m)	nahr galīdy (m)	نهر جليدي
chute (f) d'eau	ʃallāl (m)	شلّال
geyser (m)	nab' maya ḥāra (m)	نبع ميّة حارة
lac (m)	boḥeyra (f)	بحيرة
plaine (f)	sahl (m)	سهل
paysage (m)	manzar ṭabee'y (m)	منظر طبيعي
écho (m)	ṣada (m)	صدى

alpiniste (m)	motasalleq el gebāl (m)	متسلّق الجبال
varappeur (m)	motasalleq ṣoxūr (m)	متسلّق صخور
conquérir (vt)	taɣallab 'ala	تغلّب على
ascension (f)	tasalloq (m)	تسلّق

128. Les noms des chaînes de montagne

Alpes (f pl)	gebāl el alb (pl)	جبال الألب
Mont Blanc (m)	mōn blōn (m)	مون بلون
Pyrénées (f pl)	gebāl el barānes (pl)	جبال البرانس
Carpates (f pl)	gebāl el karbāt (pl)	جبال الكاربات
Monts Oural (m pl)	gebāl el urāl (pl)	جبال الأورال
Caucase (m)	gebāl el qoqāz (pl)	جبال القوقاز
Elbrous (m)	gabal elbrus (m)	جبل إلبروس
Altaï (m)	gebāl altāy (pl)	جبال ألتاي
Tian Chan (m)	gebāl tian ʃan (pl)	جبال تيان شان
Pamir (m)	gebāl bamir (pl)	جبال بامير
Himalaya (m)	himalāya (pl)	هيمالايا
Everest (m)	gabal everest (m)	جبل افرست
Andes (f pl)	gebāl el andīz (pl)	جبال الأنديز
Kilimandjaro (m)	gabal kilimanʒaro (m)	جبل كليمنجارو

129. Les fleuves

rivière (f), fleuve (m)	nahr (m)	نهر
source (f)	'eyn (m)	عين
lit (m) (d'une rivière)	magra el nahr (m)	مجرى النهر
bassin (m)	ḥoḍe (m)	حوض
se jeter dans ...	ṣabb fe ...	صبّ في...
affluent (m)	rāfed (m)	رافد
rive (f)	ḍaffa (f)	ضفّة
courant (m)	tayār (m)	تيّار
en aval	ma' ettigāh magra el nahr	مع إتّجاه مجرى النهر
en amont	ḍed el tayār	ضد التيار
inondation (f)	ɣamr (m)	غمر
les grandes crues	fayaḍān (m)	فيضان
déborder (vt)	fāḍ	فاض
inonder (vt)	ɣamar	غمر
bas-fond (m)	meyāh ḍaḥla (f)	مياه ضحلة
rapide (m)	monḥadar el nahr (m)	منحدر النهر
barrage (m)	sadd (m)	سدّ
canal (m)	qanah (f)	قناة
lac (m) de barrage	xazzān mā'y (m)	خزّان مائي
écluse (f)	bawwāba qanṭara (f)	بوّابة قنطرة

plan (m) d'eau	berka (f)	بركة
marais (m)	mostanqaʿ (m)	مستنقع
fondrière (f)	mostanqaʿ (m)	مستنقع
tourbillon (m)	dawwāma (f)	دوّامة
ruisseau (m)	gadwal (m)	جدوّل
potable (adj)	el ʃorb	الشرب
douce (l'eau ~)	ʿazb	عذب
glace (f)	galīd (m)	جليد
être gelé	etgammed	إتجمّد

130. Les noms des fleuves

Seine (f)	el seyn (m)	السين
Loire (f)	el lua:r (m)	اللوار
Tamise (f)	el teymz (m)	التيمز
Rhin (m)	el rayn (m)	الراين
Danube (m)	el danūb (m)	الدانوب
Volga (f)	el volga (m)	الفولغا
Don (m)	el done (m)	الدون
Lena (f)	lena (m)	لينا
Huang He (m)	el nahr el aṣfar (m)	النهر الأصفر
Yangzi Jiang (m)	el yangesty (m)	اليانغستي
Mékong (m)	el mekong (m)	الميكونغ
Gange (m)	el ɣang (m)	الغانج
Nil (m)	el nīl (m)	النيل
Congo (m)	el kongo (m)	الكونغو
Okavango (m)	okavango (m)	أوكافانجو
Zambèze (m)	el zambizi (m)	الزمبيزي
Limpopo (m)	limbobo (m)	ليمبوبو
Mississippi (m)	el mississibbi (m)	الميسيسيبي

131. La forêt

forêt (f)	ɣāba (f)	غابة
forestier (adj)	ɣāba	غابة
fourré (m)	ɣāba kasīfa (f)	غابة كثيفة
bosquet (m)	bostān (m)	بستان
clairière (f)	ezālet el ɣābāt (f)	إزالة الغابات
broussailles (f pl)	agama (f)	أجمة
taillis (m)	arāḍy el ʃogayrāt (pl)	أراضي الشجيرات
sentier (m)	mamarr (m)	ممرّ
ravin (m)	wādy ḍayeʾ (m)	وادي ضيّق
arbre (m)	ʃagara (f)	شجرة

feuille (f)	wara'a (f)	ورقة
feuillage (m)	wara' (m)	ورق
chute (f) de feuilles	tasā'oṭ el awrā' (m)	تساقط الأوراق
tomber (feuilles)	saqaṭ	سقط
sommet (m)	ra's (m)	رأس
rameau (m)	ɣoṣn (m)	غصن
branche (f)	ɣoṣn ra'īsy (m)	غصن رئيسي
bourgeon (m)	bor'om (m)	برعم
aiguille (f)	ʃawka (f)	شوكة
pomme (f) de pin	kūz el ṣnowbar (m)	كوز الصنوبر
creux (m)	gofe (m)	جوف
nid (m)	'eʃ (m)	عشّ
terrier (m) (~ d'un renard)	goḥr (m)	جحر
tronc (m)	gez' (m)	جذع
racine (f)	gezr (m)	جذر
écorce (f)	leḥā' (m)	لحاء
mousse (f)	ṭaḥlab (m)	طحلب
déraciner (vt)	eqtala'	إقتلع
abattre (un arbre)	'aṭṭa'	قطّع
déboiser (vt)	azāl el ɣabāt	أزال الغابات
souche (f)	gez' el ʃagara (m)	جذع الشجرة
feu (m) de bois	nār moχayem (m)	نار مخيّم
incendie (m)	ḥarī' ɣāba (m)	حريق غابة
éteindre (feu)	ṭaffa	طفّى
garde (m) forestier	ḥāres el ɣāba (m)	حارس الغابة
protection (f)	ḥemāya (f)	حماية
protéger (vt)	ḥama	حمى
braconnier (m)	sāre' el ṣeyd (m)	سارق الصيد
piège (m) à mâchoires	maṣyada (f)	مصيّدة
cueillir (vt)	gamma'	جمّع
s'égarer (vp)	tāh	تاه

132. Les ressources naturelles

ressources (f pl) naturelles	sarawāt ṭabi'iya (pl)	ثروات طبيعيّة
minéraux (m pl)	ma'āden (pl)	معادن
gisement (m)	rawāseb (pl)	رواسب
champ (m) (~ pétrolifère)	ḥaql (m)	حقل
extraire (vt)	estaχrag	إستخرج
extraction (f)	esteχrāg (m)	إستخراج
minerai (m)	χām (m)	خام
mine (f) (site)	mangam (m)	منجم
puits (m) de mine	mangam (m)	منجم
mineur (m)	'āmel mangam (m)	عامل منجم
gaz (m)	ɣāz (m)	غاز

gazoduc (m)	χaṭṭ anabīb ɣāz (m)	خط أنابيب غاز
pétrole (m)	nafṭ (m)	نفط
pipeline (m)	anabīb el nafṭ (pl)	أنابيب النفط
tour (f) de forage	bīr el nafṭ (m)	بير النفط
derrick (m)	ḥaffāra (f)	حفّارة
pétrolier (m)	nāqelet betrūl (f)	ناقلة بترول
sable (m)	raml (m)	رمل
calcaire (m)	ḥagar el kals (m)	حجر الكلس
gravier (m)	ḥaṣa (m)	حصى
tourbe (f)	χaθ faḥm nabāty (m)	خث فحم نباتي
argile (f)	ṭīn (m)	طين
charbon (m)	faḥm (m)	فحم
fer (m)	ḥadīd (m)	حديد
or (m)	dahab (m)	ذهب
argent (m)	faḍḍa (f)	فضّة
nickel (m)	nikel (m)	نيكل
cuivre (m)	neḥās (m)	نحاس
zinc (m)	zink (m)	زنك
manganèse (m)	mangonīz (m)	منجنيز
mercure (m)	ze'baq (m)	زئبق
plomb (m)	roṣāṣ (m)	رصاص
minéral (m)	ma'dan (m)	معدن
cristal (m)	kristāl (m)	كريستال
marbre (m)	roχām (m)	رخام
uranium (m)	yuranuim (m)	يورانيوم

La Terre. Partie 2

133. Le temps

temps (m)	ṭa's (m)	طقس
météo (f)	naʃra gawiya (f)	نشرة جويّة
température (f)	ḥarāra (f)	حرارة
thermomètre (m)	termometr (m)	ترمومتر
baromètre (m)	barometr (m)	بارومتر
humide (adj)	roṭob	رطب
humidité (f)	roṭūba (f)	رطوبة
chaleur (f) (canicule)	ḥarāra (f)	حرارة
torride (adj)	ḥarr	حارّ
il fait très chaud	el gaww ḥarr	الجوّ حرّ
il fait chaud	el gaww dafa	الجوّ دفا
chaud (modérément)	dāfe'	دافئ
il fait froid	el gaww bāred	الجوّ بارد
froid (adj)	bāred	بارد
soleil (m)	ʃams (f)	شمس
briller (soleil)	nawwar	نوّر
ensoleillé (jour ~)	moʃmes	مشمس
se lever (vp)	ʃara'	شرق
se coucher (vp)	ɣarab	غرب
nuage (m)	saḥāba (f)	سحابة
nuageux (adj)	meɣayem	مغيّم
nuée (f)	saḥābet maṭar (f)	سحابة مطر
sombre (adj)	meɣayem	مغيّم
pluie (f)	maṭar (m)	مطر
il pleut	el donia betmaṭṭar	الدنيا بتمطّر
pluvieux (adj)	momṭer	ممطر
bruiner (v imp)	maṭṭaret razāz	مطّرت رذاذ
pluie (f) torrentielle	maṭar monhamer (f)	مطر منهمر
averse (f)	maṭar ɣazīr (m)	مطر غزير
forte (la pluie ~)	ʃedīd	شديد
flaque (f)	berka (f)	بركة
se faire mouiller	ettbal	إتّبل
brouillard (m)	ʃabbūra (f)	شبّورة
brumeux (adj)	fih ʃabbūra	فيه شبّورة
neige (f)	talg (m)	ثلج
il neige	fih talg	فيه ثلج

134. Les intempéries. Les catastrophes naturelles

orage (m)	ʻāṣefa raʻdiya (f)	عاصفة رعدية
éclair (m)	barʼ (m)	برق
éclater (foudre)	baraq	برق
tonnerre (m)	raʻd (m)	رعد
gronder (tonnerre)	dawa	دوّى
le tonnerre gronde	el samāʼ dawat raʻd (f)	السماء دوّت رعد
grêle (f)	maṭar bard (m)	مطر برد
il grêle	maṭṭaret bard	مطّرت برد
inonder (vt)	ɣamar	غمر
inondation (f)	fayaḍān (m)	فيضان
tremblement (m) de terre	zelzāl (m)	زلزال
secousse (f)	hazza arḍiya (f)	هزّة أرضية
épicentre (m)	markaz el zelzāl (m)	مركز الزلزال
éruption (f)	sawarān (m)	ثوّران
lave (f)	ḥomam borkāniya (pl)	حمم بركانية
tourbillon (m), tornade (f)	eʻṣār (m)	إعصار
typhon (m)	tyfūn (m)	طوفان
ouragan (m)	eʻṣār (m)	إعصار
tempête (f)	ʻāṣefa (f)	عاصفة
tsunami (m)	tsunāmy (m)	تسونامي
cyclone (m)	eʻṣār (m)	إعصار
intempéries (f pl)	ṭaʼs sayeʼ (m)	طقس سيئ
incendie (m)	ḥarīʼ (m)	حريق
catastrophe (f)	karsa (f)	كارثة
météorite (m)	nayzek (m)	نيّزك
avalanche (f)	enheyār talgy (m)	إنهيار ثلجي
éboulement (m)	enheyār talgy (m)	إنهيار ثلجي
blizzard (m)	ʻāṣefa talgiya (f)	عاصفة ثلجيّة
tempête (f) de neige	ʻāṣefa talgiya (f)	عاصفة ثلجيّة

La faune

135. Les mammiféres. Les prêdateurs

prédateur (m)	moftares (m)	مفترس
tigre (m)	nemr (m)	نمر
lion (m)	asad (m)	أسد
loup (m)	ze'b (m)	ذئب
renard (m)	ta'lab (m)	ثعلب
jaguar (m)	nemr amrīky (m)	نمر أمريكي
léopard (m)	fahd (m)	فهد
guépard (m)	fahd ṣayād (m)	فهد صيّاد
panthère (f)	nemr aswad (m)	نمر أسوَد
puma (m)	asad el gebāl (m)	أسد الجبال
léopard (m) de neiges	nemr el tolūg (m)	نمر الثلوج
lynx (m)	waʃaq (m)	وشق
coyote (m)	qayūṭ (m)	قيوط
chacal (m)	ebn 'āwy (m)	ابن آوى
hyène (f)	ḍeb' (m)	ضبع

136. Les animaux sauvages

animal (m)	ḥayawān (m)	حيوان
bête (f)	waḥʃ (m)	وحش
écureuil (m)	sengāb (m)	سنجاب
hérisson (m)	qonfoz (m)	قنفذ
lièvre (m)	arnab barry (m)	أرنب برّي
lapin (m)	arnab (m)	أرنب
blaireau (m)	ɣarīr (m)	غرير
raton (m)	rakūn (m)	راكون
hamster (m)	hamster (m)	هامستر
marmotte (f)	marmoṭ (m)	مرموط
taupe (f)	χold (m)	خلد
souris (f)	fār (m)	فأر
rat (m)	gerz (m)	جرذ
chauve-souris (f)	χoffāʃ (m)	خفّاش
hermine (f)	qāqem (m)	قاقِم
zibeline (f)	sammūr (m)	سمّور
martre (f)	fara'īāt (m)	فرائيات
belette (f)	ebn 'ers (m)	ابن عرس
vison (m)	mink (m)	منك

castor (m)	qondos (m)	قندس
loutre (f)	taʻlab maya (m)	ثعلب الميّة
cheval (m)	ḥoṣān (m)	حصان
élan (m)	eyl el mūz (m)	أيّل الموظ
cerf (m)	ayl (m)	أيل
chameau (m)	gamal (m)	جمل
bison (m)	bison (m)	بيسون
aurochs (m)	byson orobby (m)	بيسون أوروبي
buffle (m)	gamūs (m)	جاموس
zèbre (m)	ḥomār waḥʃy (m)	حمار وحشي
antilope (f)	ẓaby (m)	ظبي
chevreuil (m)	yaḥmūr orobby (m)	يحمورأوروبيّ
biche (f)	eyl asmar orobby (m)	أيّل أسمر أوروبي
chamois (m)	ʃamwah (f)	شامواه
sanglier (m)	χenzīr barry (m)	خنزير برّي
baleine (f)	ḥūt (m)	حوت
phoque (m)	foqma (f)	فقمة
morse (m)	el kabʻ (m)	الكبع
ours (m) de mer	foqmet el farāʼ (f)	فقمة الفراء
dauphin (m)	dolfīn (m)	دولفين
ours (m)	dobb (m)	دبّ
ours (m) blanc	dobb ʼoṭṭby (m)	دبّ قطبي
panda (m)	banda (m)	باندا
singe (m)	ʼerd (m)	قرد
chimpanzé (m)	ʃimbanzy (m)	شيمبانزي
orang-outang (m)	orangutan (m)	أورنغوتان
gorille (m)	ɣorella (f)	غوريلا
macaque (m)	ʼerd el makāk (m)	قرد المكاك
gibbon (m)	gibbon (m)	جيبون
éléphant (m)	fīl (m)	فيل
rhinocéros (m)	χartīt (m)	خرتيت
girafe (f)	zarāfa (f)	زرافة
hippopotame (m)	faras el nahr (m)	فرس النهر
kangourou (m)	kangarū (m)	كانجّارو
koala (m)	el koala (m)	الكوالا
mangouste (f)	nems (m)	نمس
chinchilla (m)	ʃenʃila (f)	شنشيلة
mouffette (f)	ẓerbān (m)	ظربان
porc-épic (m)	nīṣ (m)	نيص

137. Les animaux domestiques

chat (m) (femelle)	ʼoṭṭa (f)	قطّة
chat (m) (mâle)	ʼoṭṭ (m)	قطّ
chien (m)	kalb (m)	كلب

cheval (m)	ḥoṣān (m)	حصان
étalon (m)	χeyl faḥl (m)	خيل فحل
jument (f)	faras (f)	فرس
vache (f)	ba'ara (f)	بقرة
taureau (m)	sore (m)	ثور
bœuf (m)	sore (m)	ثور
brebis (f)	χarūf (f)	خروف
mouton (m)	kebʃ (m)	كبش
chèvre (f)	me'za (f)	معزة
bouc (m)	mā'ez zakar (m)	ماعز ذكر
âne (m)	ḥomār (m)	حمار
mulet (m)	baɣl (m)	بغل
cochon (m)	χenzīr (m)	خنزير
pourceau (m)	χannūṣ (m)	خنّوص
lapin (m)	arnab (m)	أرنب
poule (f)	farχa (f)	فرخة
coq (m)	dīk (m)	ديك
canard (m)	baṭṭa (f)	بطّة
canard (m) mâle	dakar el baṭṭ (m)	ذكر البط
oie (f)	wezza (f)	وزّة
dindon (m)	dīk rūmy (m)	ديك رومي
dinde (f)	dīk rūmy (m)	ديك رومي
animaux (m pl) domestiques	ḥayawānāt dawāgen (pl)	حيوانات دواجن
apprivoisé (adj)	alīf	أليف
apprivoiser (vt)	rawweḍ	روّض
élever (vt)	rabba	ربّى
ferme (f)	mazra'a (f)	مزرعة
volaille (f)	dawāgen (pl)	دواجن
bétail (m)	māʃeya (f)	ماشية
troupeau (m)	qaṭee' (m)	قطيع
écurie (f)	esṭabl χeyl (m)	إسطبل خيل
porcherie (f)	ḥazīret χanazīr (f)	حظيرة الخنازير
vacherie (f)	zerībet el ba'ar (f)	زريبة البقر
cabane (f) à lapins	qan el arāneb (m)	قن الأرانب
poulailler (m)	qan el ferāχ (m)	قن الفراخ

138. Les oiseaux

oiseau (m)	ṭā'er (m)	طائر
pigeon (m)	ḥamāma (f)	حمامة
moineau (m)	'aṣfūr dawri (m)	عصفور دوري
mésange (f)	qarqaf (m)	قرقف
pie (f)	'a''a' (m)	عقعق
corbeau (m)	ɣorāb aswad (m)	غراب أسود

corneille (f)	ɣorāb (m)	غراب
choucas (m)	zāɣ zarʿy (m)	زاغ زرعي
freux (m)	ɣorāb el qeyẓ (m)	غراب القيظ
canard (m)	baṭṭa (f)	بطّة
oie (f)	wezza (f)	وزّة
faisan (m)	tadarrog (m)	تدرج
aigle (m)	ʿeqāb (m)	عقاب
épervier (m)	el bāz (m)	الباز
faucon (m)	ṣaʾr (m)	صقر
vautour (m)	nesr (m)	نسر
condor (m)	kondor (m)	كندور
cygne (m)	el temm (m)	التّم
grue (f)	karkiya (m)	كركية
cigogne (f)	loqloq (m)	لقلق
perroquet (m)	babaɣāʾ (m)	ببغاء
colibri (m)	ṭannān (m)	طنّان
paon (m)	ṭawūs (m)	طاووس
autruche (f)	naʿāma (f)	نعامة
héron (m)	belʃone (m)	بلشون
flamant (m)	flamingo (m)	فلامينجو
pélican (m)	bagʿa (f)	بجعة
rossignol (m)	ʿandalīb (m)	عندليب
hirondelle (f)	el sonūnū (m)	السنونو
merle (m)	somnet el ḥoqūl (m)	سمنة الحقول
grive (f)	somna moɣarreda (m)	سمنة مغرّدة
merle (m) noir	ʃaḥrūr aswad (m)	شحرور أسود
martinet (m)	semmāma (m)	سمّامة
alouette (f) des champs	qabra (f)	قبرة
caille (f)	semmān (m)	سمّان
pivert (m)	naʾār el χaʃab (m)	نقار الخشب
coucou (m)	weqwāq (m)	وقواق
chouette (f)	būma (f)	بومة
hibou (m)	būm orāsy (m)	بوم أوراسي
tétras (m)	dīk el χalang (m)	ديك الخلنج
tétras-lyre (m)	ṭyhūg aswad (m)	طيهوج أسود
perdrix (f)	el ḥagal (m)	الحجل
étourneau (m)	zerzūr (m)	زرزور
canari (m)	kanāry (m)	كناري
gélinotte (f) des bois	ṭyhūg el bondoʾ (m)	طيهوج البندق
pinson (m)	ʃarʃūr (m)	شرشور
bouvreuil (m)	deɣnāʃ (m)	دغناش
mouette (f)	nawras (m)	نورس
albatros (m)	el qoṭros (m)	القطرس
pingouin (m)	beṭrīq (m)	بطريق

139. Les poissons. Les animaux marins

brème (f)	abramīs (m)	أبراميس
carpe (f)	ʃabbūṭ (m)	شبّوط
perche (f)	farχ (m)	فرخ
silure (m)	'armūṭ (m)	قرموط
brochet (m)	karāky (m)	كراكي
saumon (m)	salamon (m)	سلمون
esturgeon (m)	ḥafʃ (m)	حفش
hareng (m)	renga (f)	رنجة
saumon (m) atlantique	salamon aṭlasy (m)	سلمون أطلسي
maquereau (m)	makerel (m)	ماكريل
flet (m)	samak mefalṭah (f)	سمك مفلطح
sandre (f)	samak sandar (m)	سمك سندر
morue (f)	el qadd (m)	القد
thon (m)	tuna (f)	تونة
truite (f)	salamon mera''aṭ (m)	سلمون مرقّط
anguille (f)	ḥankalīs (m)	حنكليس
torpille (f)	ra'ād (m)	رعاد
murène (f)	moraya (f)	مورايية
piranha (m)	bīrana (f)	بيرانا
requin (m)	'erʃ (m)	قرش
dauphin (m)	dolfīn (m)	دولفين
baleine (f)	ḥūt (m)	حوت
crabe (m)	kaboria (m)	كابوريا
méduse (f)	'andīl el baḥr (m)	قنديل البحر
pieuvre (f), poulpe (m)	aχṭabūṭ (m)	أخطبوط
étoile (f) de mer	negmet el baḥr (f)	نجمة البحر
oursin (m)	qonfoz el baḥr (m)	قنفذ البحر
hippocampe (m)	ḥoṣān el baḥr (m)	حصان البحر
huître (f)	maḥār (m)	محار
crevette (f)	gammbary (m)	جمّبري
homard (m)	estakoza (f)	استكوزا
langoustine (f)	estakoza (m)	استاكوزا

140. Les amphibiens. Les reptiles

serpent (m)	te'bān (m)	ثعبان
venimeux (adj)	sām	سام
vipère (f)	af'a (f)	أفعى
cobra (m)	kobra (m)	كوبرا
python (m)	te'bān byton (m)	ثعبان بايثون
boa (m)	bawā' el 'aṣera (f)	بواء العاصرة
couleuvre (f)	te'bān el 'oʃb (m)	ثعبان العشب

serpent (m) à sonnettes	af'a megalgela (f)	أفعى مجلجلة
anaconda (m)	anakonda (f)	أناكوندا
lézard (m)	seḥliya (f)	سحليّة
iguane (m)	eɣwana (f)	إغوانة
varan (m)	warl (m)	ورل
salamandre (f)	salamander (m)	سلمندر
caméléon (m)	ḥerbāya (f)	حرباية
scorpion (m)	'a'rab (m)	عقرب
tortue (f)	solḥefah (f)	سلحفاة
grenouille (f)	ḍeffḍa' (m)	ضفدع
crapaud (m)	ḍeffḍa' el ṭeyn (m)	ضفدع الطين
crocodile (m)	temsāḥ (m)	تمساح

141. Les insectes

insecte (m)	ḥaʃara (f)	حشرة
papillon (m)	farāʃa (f)	فراشة
fourmi (f)	namla (f)	نملة
mouche (f)	debbāna (f)	دبّانة
moustique (m)	namūsa (f)	ناموسة
scarabée (m)	χonfesa (f)	خنفسة
guêpe (f)	dabbūr (m)	دبّور
abeille (f)	naḥla (f)	نحلة
bourdon (m)	naḥla ṭannāna (f)	نحلة طنّانة
œstre (m)	na'ra (f)	نعرة
araignée (f)	'ankabūt (m)	عنكبوت
toile (f) d'araignée	nasīg 'ankabūt (m)	نسيج عنكبوت
libellule (f)	ya'sūb (m)	يعسوب
sauterelle (f)	garād (m)	جراد
papillon (m)	'etta (f)	عثّة
cafard (m)	ṣarṣūr (m)	صرصور
tique (f)	qarāda (f)	قرادة
puce (f)	barɣūt (m)	برغوث
moucheron (m)	ba'ūḍa (f)	بعوضة
criquet (m)	garād (m)	جراد
escargot (m)	ḥalazōn (m)	حلزون
grillon (m)	ṣarṣūr el ḥaql (m)	صرصور الحقل
luciole (f)	yarā'a (f)	يراعة
coccinelle (f)	χonfesa mena'ṭṭa (f)	خنفسة منقّطة
hanneton (m)	χonfesa motlefa lel nabāt (f)	خنفسة متلفة للنبات
sangsue (f)	'alaqa (f)	علقة
chenille (f)	yasrū' (m)	يسروع
ver (m)	dūda (f)	دودة
larve (f)	yaraqa (f)	يرقة

La flore

142. Les arbres

arbre (m)	ʃagara (f)	شجرة
à feuilles caduques	nafḍiya	نفضيّة
conifère (adj)	ṣonoberiya	صنوبرية
à feuilles persistantes	dā'emet el χoḍra	دائمة الخضرة
pommier (m)	ʃagaret toffāḥ (f)	شجرة تفّاح
poirier (m)	ʃagaret komettra (f)	شجرة كمثّرى
merisier (m), cerisier (m)	ʃagaret karaz (f)	شجرة كرز
prunier (m)	ʃagaret bar'ū' (f)	شجرة برقوق
bouleau (m)	batola (f)	بتولا
chêne (m)	ballūṭ (f)	بلّوط
tilleul (m)	zayzafūn (f)	زيزفون
tremble (m)	ḥūr rāgef	حور راجف
érable (m)	qayqab (f)	قيقب
épicéa (m)	rateng (f)	راتينج
pin (m)	ṣonober (f)	صنوبر
mélèze (m)	arziya (f)	أرزية
sapin (m)	tanūb (f)	تنوب
cèdre (m)	el orz (f)	الأرز
peuplier (m)	ḥūr (f)	حور
sorbier (m)	ɣobayrā' (f)	غبيراء
saule (m)	ṣefsāf (f)	صفصاف
aune (m)	gār el mā' (m)	جار الماء
hêtre (m)	el zān (f)	الزان
orme (m)	derdar (f)	دردار
frêne (m)	marān (f)	مران
marronnier (m)	kastanā' (f)	كستناء
magnolia (m)	maɣnolia (f)	ماغنوليا
palmier (m)	naχla (f)	نخلة
cyprès (m)	el soro (f)	السرو
palétuvier (m)	mangrūf (f)	مانجروف
baobab (m)	baobab (f)	باوباب
eucalyptus (m)	eukalyptus (f)	أوكالبتوس
séquoia (m)	sequoia (f)	سيكويا

143. Les arbustes

buisson (m)	ʃogeyra (f)	شجيرة
arbrisseau (m)	ʃogayrāt (pl)	شجيرات

vigne (f)	karma (f)	كرمة
vigne (f) (vignoble)	karam (m)	كرم
framboise (f)	zar'et tūt el 'alī' el aḥmar (f)	زرعة توت العليق الأحمر
groseille (f) rouge	keʃmeʃ aḥmar (m)	كشمش أحمر
groseille (f) verte	'enab el sa'lab (m)	عنب الثعلب
acacia (m)	aqaqia (f)	أقاقيا
berbéris (m)	berbarīs (m)	برباريس
jasmin (m)	yasmīn (m)	ياسمين
genévrier (m)	'ar'ar (m)	عرعر
rosier (m)	ʃogeyret ward (f)	شجيرة ورد
églantier (m)	ward el seyāg (pl)	ورد السياج

144. Les fruits. Les baies

fruit (m)	tamra (f)	تمرة
fruits (m pl)	tamr (m)	تمر
pomme (f)	toffāḥa (f)	تفّاحة
poire (f)	komettra (f)	كمّثرى
prune (f)	bar'ū' (m)	برقوق
fraise (f)	farawla (f)	فراولة
merise (f), cerise (f)	karaz (m)	كرز
raisin (m)	'enab (m)	عنب
framboise (f)	tūt el 'alī' el aḥmar (m)	توت العليق الأحمر
cassis (m)	keʃmeʃ aswad (m)	كشمش أسود
groseille (f) rouge	keʃmeʃ aḥmar (m)	كشمش أحمر
groseille (f) verte	'enab el sa'lab (m)	عنب الثعلب
canneberge (f)	'enabiya ḥāda el χebā' (m)	عنبية حادة الخباء
orange (f)	bortoqāl (m)	برتقال
mandarine (f)	yosfy (m)	يوسفي
ananas (m)	ananās (m)	أناناس
banane (f)	moze (m)	موز
datte (f)	tamr (m)	تمر
citron (m)	lymūn (m)	ليمون
abricot (m)	meʃmeʃ (f)	مشمش
pêche (f)	χawχa (f)	خوخة
kiwi (m)	kiwi (m)	كيوي
pamplemousse (m)	grabe frūt (m)	جريب فروت
baie (f)	tūt (m)	توت
baies (f pl)	tūt (pl)	توت
airelle (f) rouge	'enab el sore (m)	عنب الثور
fraise (f) des bois	farawla barriya (f)	فراولة برّيّة
myrtille (f)	'enab al aḥrāg (m)	عنب الأحراج

145. Les fleurs. Les plantes

fleur (f)	zahra (f)	زهرة
bouquet (m)	bokeyh (f)	بوكيه
rose (f)	warda (f)	وردة
tulipe (f)	tolīb (f)	توليب
oeillet (m)	'oronfol (m)	قرنفل
glaïeul (m)	el dalbūs (f)	الدَلَبُوث
bleuet (m)	qanṭeryūn 'anbary (m)	قنطريون عنبري
campanule (f)	garīs mostadīr el awrā' (m)	جريس مستدير الأوراق
dent-de-lion (f)	handabā' (f)	هندباء
marguerite (f)	kamomile (f)	كاموميل
aloès (m)	el alowa (m)	الألوّة
cactus (m)	ṣabbār (m)	صبّار
ficus (m)	faykas (m)	فيكَس
lis (m)	zanbaq (f)	زنبق
géranium (m)	ɣarnūqy (f)	غرنوقي
jacinthe (f)	el lavender (f)	اللافندر
mimosa (m)	mimoza (f)	ميموزا
jonquille (f)	nerges (f)	نرجس
capucine (f)	abo χangar (f)	أبو خنجر
orchidée (f)	orkid (f)	أوركيد
pivoine (f)	fawnia (f)	فاوانيا
violette (f)	el banafseg (f)	البنفسج
pensée (f)	bansy (f)	بانسي
myosotis (m)	'āzān el fa'r (pl)	آذان الفأر
pâquerette (f)	aqwaḥān (f)	أقحوان
coquelicot (m)	el χoʃχāʃ (f)	الخشخاش
chanvre (m)	qanb (m)	قنب
menthe (f)	ne'nā' (m)	نعناع
muguet (m)	zanbaq el wādy (f)	زنبق الوادي
perce-neige (f)	zahrat el laban (f)	زهرة اللبن
ortie (f)	'arrāṣ (m)	قرّاص
oseille (f)	ḥammāḍ bostāny (m)	حمّاض بستاني
nénuphar (m)	niloferiya (f)	نيلوفرية
fougère (f)	sarχas (m)	سرخس
lichen (m)	aʃna (f)	أشنة
serre (f) tropicale	ṣoba (f)	صوبة
gazon (m)	'oʃb aχḍar (m)	عشب أخضر
parterre (m) de fleurs	geneynet zohūr (f)	جنينة زهور
plante (f)	nabāt (m)	نبات
herbe (f)	'oʃb (m)	عشب
brin (m) d'herbe	'oʃba (f)	عشبة

feuille (f)	wara'a (f)	ورقة
pétale (m)	wara'et el zahra (f)	ورقة الزهرة
tige (f)	sāq (f)	ساق
tubercule (m)	darna (f)	درنة
pousse (f)	nabta saɣīra (f)	نبتة صغيرة
épine (f)	ʃawka (f)	شوكة
fleurir (vi)	fattaḥet	فتّحت
se faner (vp)	debel	ذبل
odeur (f)	rīḥa (f)	ريحة
couper (vt)	'aṭa'	قطع
cueillir (fleurs)	'aṭaf	قطف

146. Les céréales

grains (m pl)	ḥobūb (pl)	حبوب
céréales (f pl) (plantes)	maḥaṣīl el ḥubūb (pl)	محاصيل الحبوب
épi (m)	sonbola (f)	سنبلة
blé (m)	'amḥ (m)	قمح
seigle (m)	ʃelm mazrū' (m)	شيلم مزروع
avoine (f)	ʃofān (m)	شوفان
millet (m)	el deχn (m)	الدُخن
orge (f)	ʃe'īr (m)	شعير
maïs (m)	dora (f)	ذرة
riz (m)	rozz (m)	رز
sarrasin (m)	ḥanṭa soda' (f)	حنطة سوداء
pois (m)	besella (f)	بسلّة
haricot (m)	faṣolya (f)	فاصوليا
soja (m)	fūl el ṣoya (m)	فول الصويا
lentille (f)	'ads (m)	عدس
fèves (f pl)	fūl (m)	فول

LES PAYS DU MONDE. LES NATIONALITÉS

147. L'Europe de l'Ouest

Europe (f)	orobba (f)	أوروبّا
Union (f) européenne	el etteḥād el orobby (m)	الإتّحاد الأوروبّي
Autriche (f)	el nemsa (f)	النمسا
Grande-Bretagne (f)	briṭaniya el ʿozma (f)	بريطانيا العظمى
Angleterre (f)	engeltera (f)	إنجلّترا
Belgique (f)	balʒīka (f)	بلجيكا
Allemagne (f)	almānya (f)	ألمانيا
Pays-Bas (m)	holanda (f)	هولندا
Hollande (f)	holanda (f)	هولندا
Grèce (f)	el yunān (f)	اليونان
Danemark (m)	el denmark (f)	الدنمارك
Irlande (f)	irelanda (f)	أيرلندا
Islande (f)	ʾāyslanda (f)	آيسلندا
Espagne (f)	asbānya (f)	إسبانيا
Italie (f)	eṭālia (f)	إيطاليا
Chypre (m)	ʾobroṣ (f)	قبرص
Malte (f)	malṭa (f)	مالطا
Norvège (f)	el nerwīg (f)	النرويج
Portugal (m)	el bortoɣāl (f)	البرتغال
Finlande (f)	finlanda (f)	فنلندا
France (f)	faransa (f)	فرنسا
Suède (f)	el sweyd (f)	السويد
Suisse (f)	swesra (f)	سويسرا
Écosse (f)	oskotlanda (f)	اسكتّلندا
Vatican (m)	el vatikān (m)	الفاتيكان
Liechtenstein (m)	liʃtenʃtayn (m)	ليشتنشتاين
Luxembourg (m)	luksemburg (f)	لوكسمبورج
Monaco (m)	monako (f)	موناكو

148. L'Europe Centrale et l'Europe de l'Est

Albanie (f)	albānia (f)	ألبانيا
Bulgarie (f)	bolɣāria (f)	بلغاريا
Hongrie (f)	el magar (f)	المجر
Lettonie (f)	latvia (f)	لاتفيا
Lituanie (f)	litwānia (f)	ليتوانيا
Pologne (f)	bolanda (f)	بولندا

Roumanie (f)	romānia (f)	رومانيا
Serbie (f)	ṣerbia (f)	صربيا
Slovaquie (f)	slovākia (f)	سلوفاكيا
Croatie (f)	kroātya (f)	كرواتيا
République (f) Tchèque	gomhoriya el tʃīk (f)	جمهورية التشيك
Estonie (f)	estūnia (f)	إستونيا
Bosnie (f)	el bosna wel harsek (f)	البوسنة والهرسك
Macédoine (f)	maqdūnia (f)	مقدونيا
Slovénie (f)	slovenia (f)	سلوفينيا
Monténégro (m)	el gabal el aswad (m)	الجبل الأسوَد

149. Les pays de l'ex-U.R.S.S.

Azerbaïdjan (m)	azrabiʒān (m)	أذربيجان
Arménie (f)	armīnia (f)	أرمينيا
Biélorussie (f)	belarūsia (f)	بيلاروسيا
Géorgie (f)	ʒorʒia (f)	جورجيا
Kazakhstan (m)	kazaχistān (f)	كازاخستّان
Kirghizistan (m)	qirɣizestān (f)	قيرغيزستان
Moldavie (f)	moldāvia (f)	مولدافيا
Russie (f)	rūsya (f)	روسيا
Ukraine (f)	okrānia (f)	أوكرانيا
Tadjikistan (m)	ṭaʒīkistan (f)	طاجيكستان
Turkménistan (m)	turkmānistān (f)	تركمانستان
Ouzbékistan (m)	uzbakistān (f)	أوزبكستان

150. L'Asie

Asie (f)	asya (f)	آسيا
Vietnam (m)	vietnām (f)	فيتنام
Inde (f)	el hend (f)	الهند
Israël (m)	isra'īl (f)	إسرائيل
Chine (f)	el ṣīn (f)	الصين
Liban (m)	lebnān (f)	لبنان
Mongolie (f)	manɣūlia (f)	منغوليا
Malaisie (f)	malīzya (f)	ماليزيا
Pakistan (m)	bakistān (f)	باكستان
Arabie (f) Saoudite	el so'odiya (f)	السعوديّة
Thaïlande (f)	tayland (f)	تايلاند
Taïwan (m)	taywān (f)	تايوان
Turquie (f)	turkia (f)	تركيا
Japon (m)	el yabān (f)	اليابان
Afghanistan (m)	afɣanistan (f)	أفغانستان
Bangladesh (m)	bangladeʃ (f)	بنجلاديش

Indonésie (f)	indonisya (f)	إندونيسيا
Jordanie (f)	el ordon (m)	الأردن
Iraq (m)	el ʻerāq (m)	العراق
Iran (m)	iran (f)	إيران
Cambodge (m)	kambodya (f)	كمبوديا
Koweït (m)	el kuweyt (f)	الكويت
Laos (m)	laos (f)	لاوس
Myanmar (m)	myanmar (f)	ميانمار
Népal (m)	nebāl (f)	نيبال
Fédération (f) des Émirats Arabes Unis	el emārāt el ʻarabiya el mottaḥeda (pl)	الإمارات العربية المتّحدة
Syrie (f)	soria (f)	سوريا
Palestine (f)	felesṭīn (f)	فلسطين
Corée (f) du Sud	korea el ganūbiya (f)	كوريا الجنوبيّة
Corée (f) du Nord	korea el ʃamāliya (f)	كوريا الشماليّة

151. L'Amérique du Nord

Les États Unis	el welayāt el mottaḥda el amrīkiya (pl)	الولايات المتّحدة الأمريكيّة
Canada (m)	kanada (f)	كندا
Mexique (m)	el maksīk (f)	المكسيك

152. L'Amérique Centrale et l'Amérique du Sud

Argentine (f)	arʒantīn (f)	الأرجنتين
Brésil (m)	el barazīl (f)	البرازيل
Colombie (f)	kolombia (f)	كولومبيا
Cuba (f)	kūba (f)	كوبا
Chili (m)	tʃīly (f)	تشيلي
Bolivie (f)	bolivia (f)	بوليفيا
Venezuela (f)	venzweyla (f)	فنزويلا
Paraguay (m)	baraguay (f)	باراجواي
Pérou (m)	beru (f)	بيرو
Surinam (m)	surinam (f)	سورينام
Uruguay (m)	uruguay (f)	أوروجواي
Équateur (m)	el equador (f)	الإكوادور
Bahamas (f pl)	gozor el bahāmas (pl)	جزر البهاماس
Haïti (m)	haīti (f)	هايتي
République (f) Dominicaine	gomhoriya el dominikan (f)	جمهوريّة الدومينيكان
Panamá (m)	banama (f)	بنما
Jamaïque (f)	ʒamayka (f)	جامايكا

153. L'Afrique

Égypte (f)	maṣr (f)	مصر
Maroc (m)	el maɣreb (m)	المغرب
Tunisie (f)	tunis (f)	تونس
Ghana (m)	ɣana (f)	غانا
Zanzibar (m)	zanʒibār (f)	زنجبار
Kenya (m)	kenya (f)	كينيا
Libye (f)	libya (f)	ليبيا
Madagascar (f)	madaɣaʃkar (f)	مدغشقر
Namibie (f)	namibia (f)	ناميبيا
Sénégal (m)	el senɣāl (f)	السنغال
Tanzanie (f)	tanznia (f)	تنزانيا
République (f) Sud-africaine	afreqia el ganūbiya (f)	أفريقيا الجنوبيّة

154. L'Australie et Océanie

Australie (f)	ostorālya (f)	أستراليا
Nouvelle Zélande (f)	nyu zelanda (f)	نيوزيلندا
Tasmanie (f)	tasmania (f)	تاسمانيا
Polynésie (f) Française	bolenezia el faransiya (f)	بولينزيا الفرنسيّة

155. Les grandes villes

Amsterdam (f)	amesterdam (f)	امستردام
Ankara (m)	ankara (f)	أنقرة
Athènes (m)	atīna (f)	أثينا
Bagdad (m)	baɣdād (f)	بغداد
Bangkok (m)	bangkok (f)	بانكوك
Barcelone (f)	barʃelona (f)	برشلونة
Berlin (m)	berlin (f)	برلين
Beyrouth (m)	beyrut (f)	بيروت
Bombay (m)	bombay (f)	بومباى
Bonn (f)	bonn (f)	بون
Bordeaux (f)	bordu (f)	بوردو
Bratislava (m)	bratislava (f)	براتيسلافا
Bruxelles (m)	broksel (f)	بروكسل
Bucarest (m)	buχarest (f)	بوخارست
Budapest (m)	budabest (f)	بودابست
Caire (m)	el qahera (f)	القاهرة
Calcutta (f)	kalkutta (f)	كلكتا
Chicago (f)	ʃikāgo (f)	شيكاجو
Copenhague (f)	kobenhāgen (f)	كوبنهاجن
Dar es-Salaam (f)	dar el salām (f)	دار السلام
Delhi (f)	delhi (f)	دلهي

Dubaï (f)	dubaī (f)	دبي
Dublin (f)	dablin (f)	دبلن
Düsseldorf (f)	dusseldorf (f)	دوسلدورف
Florence (f)	florensa (f)	فلورنسا
Francfort (f)	frankfurt (f)	فرانكفورت
Genève (f)	ʒenive (f)	جنيف
Hague (f)	lahāy (f)	لاهاى
Hambourg (f)	hamburg (m)	هامبورج
Hanoi (f)	hanoy (f)	هانوى
Havane (f)	havana (f)	هافانا
Helsinki (f)	helsinki (f)	هلسنكي
Hiroshima (f)	hiroʃīma (f)	هيروشيما
Hong Kong (m)	hong kong (f)	هونج كونج
Istanbul (f)	isṭanbul (f)	إسطنبول
Jérusalem (f)	el qods (f)	القدس
Kiev (f)	kyiv (f)	كييف
Kuala Lumpur (f)	kuala lumpur (f)	كوالالمبور
Lisbonne (f)	laʃbūna (f)	لشبونة
Londres (m)	london (f)	لندن
Los Angeles (f)	los anʒeles (f)	لوس أنجلوس
Lyon (f)	lyon (f)	ليون
Madrid (f)	madrīd (f)	مدريد
Marseille (f)	marsilia (f)	مرسيليا
Mexico (f)	madīnet meksiko (f)	مدينة مكسيكو
Miami (f)	mayami (f)	ميامي
Montréal (f)	montreal (f)	مونتريال
Moscou (f)	moskū (f)	موسكو
Munich (f)	munix (f)	ميونخ
Nairobi (f)	nayrobi (f)	نيروبي
Naples (f)	naboli (f)	نابولي
New York (f)	nyu york (f)	نيويورك
Nice (f)	nīs (f)	نيس
Oslo (m)	oslo (f)	أوسلو
Ottawa (m)	ottawa (f)	أوتاوا
Paris (m)	baris (f)	باريس
Pékin (m)	bekīn (f)	بيكين
Prague (m)	braɣ (f)	براغ
Rio de Janeiro (m)	rio de ʒaneyro (f)	ريو دي جانيرو
Rome (f)	roma (f)	روما
Saint-Pétersbourg (m)	sant betersburɣ (f)	سانت بطرسبرغ
Séoul (m)	seūl (f)	سيول
Shanghai (m)	ʃanghay (f)	شنجهاي
Sidney (m)	sydney (f)	سيدني
Singapour (f)	sinɣafūra (f)	سنغافورة
Stockholm (m)	stokxolm (f)	ستوكهولم
Taipei (m)	taybey (f)	تايبيه
Tokyo (m)	ṭokyo (f)	طوكيو
Toronto (m)	toronto (f)	تورونتو

Varsovie (f)	warsaw (f)	وارسو
Venise (f)	venesya (f)	فينيسيا
Vienne (f)	vienna (f)	فيينا
Washington (f)	waʃinṭon (f)	واشنطن

www.ingramcontent.com/pod-product-compliance
Lightning Source LLC
Chambersburg PA
CBHW070601050426
42450CB00011B/2931
* 9 7 8 1 7 8 7 1 6 7 9 5 7 *